国学经典诵读

蒙学经典

王亚丽　选编

中州古籍出版社

·郑州·

图书在版编目(CIP)数据

蒙学经典 / 王亚丽选编.—郑州：中州古籍出版社，2015.5

(国学经典诵读)

ISBN 978-7-5348-4966-4

Ⅰ.①蒙… Ⅱ.①王… Ⅲ.①汉语拼音-少儿读物 Ⅳ.①H125.4

中国版本图书馆 CIP 数据核字(2014)第 219463 号

出版社：中州古籍出版社
（地址：郑州市经五路66号 邮政编码：450002）
发行单位：新华书店
承印单位：河南新华印刷集团有限公司
开本：710mm×1000mm 1/16 印张：10.5
版次：2015年5月第1版 印次：2015年5月第1次印刷

定价：18.00元

本书如有印装质量问题，由承印厂负责调换。

致 读 者

夏衍先生的《种子的力量》，想必不少人读过。植物的种子发芽时能将人的头盖骨完整地分开，其力量之大令人惊叹。具备一定科学常识的我们不难明白，种子这种超凡的生命力其实源自它的生物基因。

植物种子的生命力取决于它的生物基因，而人类文明的生命力无疑取决于它的文化基因。

当我们以自家母语毫无隔阂地阅读这段文字时，古巴比伦的空中花园早成幻影，古埃及仅残留着光秃秃的石塔，古印度文明更已灰飞烟灭逾三千年了。世所公认的四大文明，唯有我泱泱中华文明以其无双的生命力傲立至今，并且愈加浩浩然龙马精神。

我们不禁肃然起敬而油然发问，其中的奥妙何在？——习近平同志指出："博大精深的中华优秀传统文化是我们在世界文化激荡中站稳脚跟的根基"，"要从弘扬优秀传统文化中寻找精气神"。诚然，这奥秘即在于中华文明的文化基因，尤其是优秀的传统文化。

"指穷于为薪，火传也，不知其尽也。"文明的火种在于传承，传承之大业必启于童蒙。孩子是文明的火种，是文化传承的发轫所在。

于是，有了我们这套丛书。参照传统童蒙教育读本，结合现

代少年儿童的实际情况，我社用心编选出国学经典中的要妙原典，萃聚成编；注以拼音，并邀请演播善手精心朗诵，运用新兴的MPR（多媒体印刷读物）数字技术，打造出这套新式的国学读本。"轴心时代"文明精华之《周易》《论语》《老子》《庄子》，"风骚"万古的《诗经》《楚辞》，发蒙百代的《千字文》《三字经》《百家姓》《龙文鞭影》，各盛其朝的唐诗、宋词、元曲，俱入本丛书。

"蒙以养正，圣功也！"

古代中国人传习经典，小则为"修身立命"，至于"学优而仕，光宗耀祖"；大则为"治国平天下"，至于"为往圣继绝学，为万世开太平"。而今我们学习经典，不仅可以追溯自己生而为中国人的文化基因，更可以从中汲取我中华先人的生存智慧，为我们开拓广阔的人生与民族未来提供源源不断的精神力量。

"文王既没，文不在兹乎？"党的十八大对这一文化问题作出了战略部署，强调要"建设优秀传统文化传承体系，弘扬中华优秀传统文化"。

编选这套丛书，传承的使命和光大的愿景不禁使我们想起百年前，正值中华民族危亡之际，梁任公先生饱含热忱的《少年中国说》。如今，睡狮已醒，我中华民族正再次雄起于世界东方，我们这些出版人更其热切地希望自己编选的这套丛书能帮助"少年中国"之"中国少年"茁壮成长。

"美哉我少年中国，与天不老！壮哉我中国少年，与国无疆！"吾其勉哉！

中州古籍出版社编辑部
2015 年 4 月

目 录

弟子规 …………… 001
    总叙 …………… 001
    入则孝 …………… 001
    出则悌 …………… 003
    谨 …………… 004
    信 …………… 005
    泛爱众 …………… 007
    亲仁 …………… 008
    余力学文 …………… 009

三字经 …………… 011

百家姓 …………… 019

千字文 …………… 023

龙文鞭影 …………… 030
    卷一 …………… 030
        一东 …………… 030
        二冬 …………… 032
        三江 …………… 032
        四支 …………… 033
        五微 …………… 036
        六鱼 …………… 036
        七虞 …………… 037
    卷二 …………… 039
        八齐 …………… 039
        九佳 …………… 040
        十灰 …………… 040
        十一真 …………… 041
        十二文 …………… 043
        十三元 …………… 043
        十四寒 …………… 044
        十五删 …………… 046
    卷三 …………… 047
        一先 …………… 047
        二萧 …………… 049
        三肴 …………… 049
        四豪 …………… 050
        五歌 …………… 051

六麻	052	十三元	084
七阳	053	十四寒	085
卷四	056	十五删	087
八庚	056	卷下	089
九青	058	一先	089
十蒸	058	二萧	090
十一尤	059	三肴	092
十二侵	061	四豪	093
十三覃	062	五歌	095
十四盐	063	六麻	097
十五咸	063	七阳	098

声律启蒙 …… 065

卷上	065	八庚	100
一东	065	九青	101
二冬	067	十蒸	103
三江	068	十一尤	104
四支	070	十二侵	106
五微	071	十三覃	107
六鱼	073	十四盐	109
七虞	074	十五咸	111

笠翁对韵 …… 113

八齐	076	卷上	113
九佳	077	一东	113
十灰	079	二冬	115
十一真	081	三江	116
十二文	082	四支	117

五微 …………………… 119	三肴 …………………… 140
六鱼 …………………… 121	四豪 …………………… 142
七虞 …………………… 122	五歌 …………………… 143
八齐 …………………… 124	六麻 …………………… 145
九佳 …………………… 126	七阳 …………………… 147
十灰 …………………… 128	八庚 …………………… 149
十一真 ………………… 130	九青 …………………… 151
十二文 ………………… 131	十蒸 …………………… 152
十三元 ………………… 133	十一尤 ………………… 153
十四寒 ………………… 134	十二侵 ………………… 155
十五删 ………………… 135	十三覃 ………………… 156

卷下 …………………… 137
    一先 …………………… 137
    二萧 …………………… 139
    十四盐 ………………… 157
    十五咸 ………………… 158

弟子规

总叙

_{dì zǐ guī} _{shèng rén xùn} _{shǒu xiào tì} _{cì jǐn xìn}
弟子规　圣人训　首孝悌　次谨信
_{fàn ài zhòng} _{ér qīn rén} _{yǒu yú lì} _{zé xué wén}
泛爱众　而亲仁　有余力　则学文

入则孝

_{fù mǔ hū} _{yìng wù huǎn} _{fù mǔ mìng} _{xíng wù lǎn}
父母呼　应勿缓　父母命　行勿懒
_{fù mǔ jiào} _{xū jìng tīng} _{fù mǔ zé} _{xū shùn chéng}
父母教　须敬听　父母责　须顺承
_{dōng zé wēn} _{xià zé qìng} _{chén zé xǐng} _{hūn zé dìng}
冬则温　夏则清　晨则省　昏则定
_{chū bì gào} _{fǎn bì miàn} _{jū yǒu cháng} _{yè wú biàn}
出必告　反必面　居有常　业无变

事虽小 勿擅为 苟擅为 子道亏
物虽小 勿私藏 苟私藏 亲心伤
亲所好 力为具 亲所恶 谨为去
身有伤 贻亲忧 德有伤 贻亲羞
亲爱我 孝何难 亲憎我 孝方贤
亲有过 谏使更 怡吾色 柔吾声
谏不入 悦复谏 号泣随 挞无怨
亲有疾 药先尝 昼夜侍 不离床
丧三年 常悲咽 居处变 酒肉绝
丧尽礼 祭尽诚 事死者 如事生

出则悌 (chū zé tì)

兄道友　弟道恭　兄弟睦　孝在中
(xiōng dào yǒu　dì dào gōng　xiōng dì mù　xiào zài zhōng)

财物轻　怨何生　言语忍　忿自泯
(cái wù qīng　yuàn hé shēng　yán yǔ rěn　fèn zì mǐn)

或饮食　或坐走　长者先　幼者后
(huò yǐn shí　huò zuò zǒu　zhǎng zhě xiān　yòu zhě hòu)

长呼人　即代叫　人不在　己即到
(zhǎng hū rén　jí dài jiào　rén bú zài　jǐ jí dào)

称尊长　勿呼名　对尊长　勿见能
(chēng zūn zhǎng　wù hū míng　duì zūn zhǎng　wù xiàn néng)

路遇长　疾趋揖　长无言　退恭立
(lù yù zhǎng　jí qū yī　zhǎng wú yán　tuì gōng lì)

骑下马　乘下车　过犹待　百步余
(qí xià mǎ　chéng xià chē　guò yóu dài　bǎi bù yú)

长者立　幼勿坐　长者坐　命乃坐
(zhǎng zhě lì　yòu wù zuò　zhǎng zhě zuò　mìng nǎi zuò)

尊长前　声要低　低不闻　却非宜
(zūn zhǎng qián　shēng yào dī　dī bù wén　què fēi yí)

进必趋　退必迟　问起对　视勿移
(jìn bì qū　tuì bì chí　wèn qǐ duì　shì wù yí)

事诸父 如事父 事诸兄 如事兄

谨 jǐn

| zhāo qǐ zǎo | yè mián chí | lǎo yì zhì | xī cǐ shí |
| 朝起早 | 夜眠迟 | 老易至 | 惜此时 |

晨必盥 兼漱口 便溺回 辄净手

冠必正 纽必结 袜与履 俱紧切

置冠服 有定位 勿乱顿 致污秽

衣贵洁 不贵华 上循分 下称家

对饮食 勿拣择 食适可 勿过则

年方少 勿饮酒 饮酒醉 最为丑

步从容 立端正 揖深圆 拜恭敬

勿践阈 勿跛倚 勿箕踞 勿摇髀

缓揭帘　勿有声　宽转弯　勿触棱
执虚器　如执盈　入虚室　如有人
事勿忙　忙多错　勿畏难　勿轻略
斗闹场　绝勿近　邪僻事　绝勿问
将入门　问孰存　将上堂　声必扬
人问谁　对以名　吾与我　不分明
用人物　须明求　倘不问　即为偷
借人物　及时还　后有急　借不难

信

凡出言　信为先　诈与妄　奚可焉
话说多　不如少　惟其是　勿佞巧

刻薄语　秽污词　市井气　切戒之
见未真　勿轻言　知未的　勿轻传
事非宜　勿轻诺　苟轻诺　进退错
凡道字　重且舒　勿急疾　勿模糊
彼说长　此说短　不关己　莫闲管
见人善　即思齐　纵去远　以渐跻
见人恶　即内省　有则改　无加警
惟德学　惟才艺　不如人　当自励
若衣服　若饮食　不如人　勿生戚
闻过怒　闻誉乐　损友来　益友却
闻誉恐　闻过欣　直谅士　渐相亲
无心非　名为错　有心非　名为恶
过能改　归于无　倘掩饰　增一辜

泛爱众

凡是人　皆须爱　天同覆　地同载
行高者　名自高　人所重　非貌高
才大者　望自大　人所服　非言大
己有能　勿自私　人有能　勿轻訾
勿谄富　勿骄贫　勿厌故　勿喜新
人不闲　勿事搅　人不安　勿话扰
人有短　切莫揭　人有私　切莫说
道人善　即是善　人知之　愈思勉
扬人恶　即是恶　疾之甚　祸且作
善相劝　德皆建　过不规　道两亏

凡取与　贵分晓　与宜多　取宜少
将加人　先问己　己不欲　即速已
恩欲报　怨欲忘　报怨短　报恩长
待婢仆　身贵端　虽贵端　慈而宽
势服人　心不然　理服人　方无言

亲仁

同是人　类不齐　流俗众　仁者稀
果仁者　人多畏　言不讳　色不媚
能亲仁　无限好　德日进　过日少
不亲仁　无限害　小人进　百事坏

余力学文

不力行　但学文　长浮华　成何人
但力行　不学文　任己见　昧理真
读书法　有三到　心眼口　信皆要
方读此　勿慕彼　此未终　彼勿起
宽为限　紧用功　工夫到　滞塞通
心有疑　随札记　就人问　求确义
房室清　墙壁净　几案洁　笔砚正
墨磨偏　心不端　字不敬　心先病
列典籍　有定处　读看毕　还原处
虽有急　卷束齐　有缺坏　就补之

非圣书　屏勿视　蔽聪明　坏心志
勿自暴　勿自弃　圣与贤　可驯致

三字经 sān zì jīng

人之初 rén zhī chū　性本善 xìng běn shàn　性相近 xìng xiāng jìn　习相远 xí xiāng yuǎn

苟不教 gǒu bú jiào　性乃迁 xìng nǎi qiān　教之道 jiào zhī dào　贵以专 guì yǐ zhuān

昔孟母 xī mèng mǔ　择邻处 zé lín chǔ　子不学 zǐ bù xué　断机杼 duàn jī zhù

窦燕山 dòu yān shān　有义方 yǒu yì fāng　教五子 jiào wǔ zǐ　名俱扬 míng jù yáng

养不教 yǎng bú jiào　父之过 fù zhī guò　教不严 jiào bù yán　师之惰 shī zhī duò

子不学 zǐ bù xué　非所宜 fēi suǒ yí　幼不学 yòu bù xué　老何为 lǎo hé wéi

玉不琢 yù bù zhuó　不成器 bù chéng qì　人不学 rén bù xué　不知义 bù zhī yì

为人子 wéi rén zǐ　方少时 fāng shào shí　亲师友 qīn shī yǒu　习礼仪 xí lǐ yí

香九龄 xiāng jiǔ líng　能温席 néng wēn xí　孝于亲 xiào yú qīn　所当执 suǒ dāng zhí

融四岁 róng sì suì　能让梨 néng ràng lí　弟于长 tì yú zhǎng　宜先知 yí xiān zhī

首孝弟 次见闻 知某数 识某文
一而十 十而百 百而千 千而万
三才者 天地人 三光者 日月星
三纲者 君臣义 父子亲 夫妇顺
曰春夏 曰秋冬 此四时 运不穷
曰南北 曰西东 此四方 应乎中
曰水火 木金土 此五行 本乎数
曰仁义 礼智信 此五常 不容紊
稻粱菽 麦黍稷 此六谷 人所食
马牛羊 鸡犬豕 此六畜 人所饲
曰喜怒 曰哀惧 爱恶欲 七情具
匏土革 木石金 丝与竹 乃八音
高曾祖 父而身 身而子 子而孙

自子孙 至玄曾 乃九族 人之伦
父子恩 夫妇从 兄则友 弟则恭
长幼序 友与朋 君则敬 臣则忠
此十义 人所同
凡训蒙 须讲究 详训诂 明句读
为学者 必有初 小学终 至四书
论语者 二十篇 群弟子 记善言
孟子者 七篇止 讲道德 说仁义
作中庸 子思笔 中不偏 庸不易
作大学 乃曾子 自修齐 至平治
孝经通 四书熟 如六经 始可读
诗书易 礼春秋 号六经 当讲求
有连山 有归藏 有周易 三易详

有典谟　有训诰　有誓命　书之奥
我周公　作周礼　著六官　存治体
大小戴　注礼记　述圣言　礼乐备
曰国风　曰雅颂　号四诗　当讽咏
诗既亡　春秋作　寓褒贬　别善恶
三传者　有公羊　有左氏　有穀梁
经既明　方读子　撮其要　记其事
五子者　有荀扬　文中子　及老庄
经子通　读诸史　考世系　知终始
自羲农　至黄帝　号三皇　居上世
唐有虞　号二帝　相揖逊　称盛世
夏有禹　商有汤　周文武　称三王
夏传子　家天下　四百载　迁夏社

汤伐夏 国号商 六百载 至纣亡
周武王 始诛纣 八百载 最长久
周辙东 王纲坠 逞干戈 尚游说
始春秋 终战国 五霸强 七雄出
嬴秦氏 始兼并 传二世 楚汉争
高祖兴 汉业建 至孝平 王莽篡
光武兴 为东汉 四百年 终于献
魏蜀吴 争汉鼎 号三国 迄两晋
宋齐继 梁陈承 为南朝 都金陵
北元魏 分东西 宇文周 与高齐
迨至隋 一土宇 不再传 失统绪
唐高祖 起义师 除隋乱 创国基
二十传 三百载 梁灭之 国乃改

梁唐晋　及汉周　称五代　皆有由
炎宋兴　受周禅　十八传　南北混
辽与金　帝号纷　迨灭辽　宋犹存
至元兴　金绪歇　有宋世　一同灭
并中国　兼戎狄　九十年　国祚废
明太祖　久亲师　传建文　方四祀
迁北京　永乐嗣　迨崇祯　煤山逝
清太祖　膺景命　靖四方　克大定
至世祖　乃大同　十二世　清祚终
读史者　考实录　通古今　若亲目
口而诵　心而惟　朝于斯　夕于斯
昔仲尼　师项橐　古圣贤　尚勤学
赵中令　读鲁论　彼既仕　学且勤

披蒲编　削竹简　彼无书　且知勉
头悬梁　锥刺股　彼不教　自勤苦
如囊萤　如映雪　家虽贫　学不辍
如负薪　如挂角　身虽劳　犹苦卓
苏老泉　二十七　始发愤　读书籍
彼既老　犹悔迟　尔小生　宜早思
若梁灏　八十二　对大廷　魁多士
彼既成　众称异　尔小生　宜立志
莹八岁　能咏诗　泌七岁　能赋棋
彼颖悟　人称奇　尔幼学　当效之
蔡文姬　能辨琴　谢道韫　能咏吟
彼女子　且聪敏　尔男子　当自警
唐刘晏　方七岁　举神童　作正字

彼虽幼　身已仕　尔幼学　勉而致
有为者　亦若是
犬守夜　鸡司晨　苟不学　曷为人
蚕吐丝　蜂酿蜜　人不学　不如物
幼而学　壮而行　上致君　下泽民
扬名声　显父母　光于前　裕于后
人遗子　金满籝　我教子　惟一经
勤有功　戏无益　戒之哉　宜勉力

百家姓 bǎi jiā xìng

zhào qián sūn lǐ
赵钱孙李

zhōu wú zhèng wáng
周吴郑王

féng chén chǔ wèi
冯陈褚卫

jiǎng shěn hán yáng
蒋沈韩杨

zhū qín yóu xǔ
朱秦尤许

hé lǚ shī zhāng
何吕施张

kǒng cáo yán huà
孔曹严华

jīn wèi táo jiāng
金魏陶姜

qī xiè zōu yù
戚谢邹喻

bǎi shuǐ dòu zhāng
柏水窦章

yún sū pān gě
云苏潘葛

xī fàn péng láng
奚范彭郎

lǔ wéi chāng mǎ
鲁韦昌马

miáo fèng huā fāng
苗凤花方

yú rén yuán liǔ
俞任袁柳

fēng bào shǐ táng
酆鲍史唐

fèi lián cén xuē
费廉岑薛

léi hè ní tāng
雷贺倪汤

téng yīn luó bì
滕殷罗毕

hǎo wū ān cháng
郝邬安常

yuè yú shí fù
乐于时傅

pí biàn qí kāng
皮卞齐康

wǔ yú yuán bǔ
伍余元卜

gù mèng píng huáng
顾孟平黄

hé mù xiāo yǐn
和穆萧尹

yáo shào zhàn wāng
姚邵湛汪

qí máo yǔ dí
祁毛禹狄

mǐ bèi míng zāng
米贝明臧

jì fú chéng dài
计伏成戴

tán sòng máo páng
谈宋茅庞

xióng jǐ shū qū	xiàng zhù dǒng liáng	dù ruǎn lán mǐn
熊纪舒屈	项祝董梁	杜阮蓝闵
xí jì má qiáng	jiǎ lù lóu wēi	jiāng tóng yán guō
席季麻强	贾路娄危	江童颜郭
méi shèng lín diāo	zhōng xú qiū luò	gāo xià cài tián
梅盛林刁	钟徐邱骆	高夏蔡田
fán hú líng huò	yú wàn zhī kē	zǎn guǎn lú mò
樊胡凌霍	虞万支柯	昝管卢莫
jīng fáng qiú miào	gān xiè yīng zōng	dīng xuān bēn dèng
经房裘缪	干解应宗	丁宣贲邓
yù shàn háng hóng	bāo zhū zuǒ shí	cuī jí niǔ gōng
郁单杭洪	包诸左石	崔吉钮龚
chéng jī xíng huá	péi lù róng wēng	xún yáng yū huì
程嵇邢滑	裴陆荣翁	荀羊於惠
zhēn qū jiā fēng	ruì yì chǔ jìn	jí bǐng mí sōng
甄麹家封	芮羿储靳	汲邴糜松
jǐng duàn fù wū	wū jiāo bā gōng	mù wěi shān gǔ
井段富巫	乌焦巴弓	牧隗山谷
chē hóu mì péng	quán xī bān yǎng	qiū zhòng yī gōng
车侯宓蓬	全郗班仰	秋仲伊宫
níng qiú luán bào	gān tǒu lì róng	zǔ wǔ fú liú
宁仇栾暴	甘钭厉戎	祖武符刘
jǐng zhān shù lóng	yè xìng sī sháo	gào lí jì bó
景詹束龙	叶幸司韶	郜黎蓟薄
yìn sù bái huái	pú tái cóng è	suǒ xián jí lài
印宿白怀	蒲邰从鄂	索咸籍赖

zhuó lìn tú méng	chí qiáo yīn yù	xū nài cāng shuāng
卓蔺屠蒙	池乔阴郁	胥能苍双
wén shēn dǎng zhái	tán gòng láo páng	jī shēn fú dǔ
闻莘党翟	谭贡劳逄	姬申扶堵
rǎn zǎi lì yōng	xì qú sāng guì	pú niú shòu tōng
冉宰郦雍	郤璩桑桂	濮牛寿通
biān hù yān jì	jiá pǔ shàng nóng	wēn bié zhuāng yàn
边扈燕冀	郏浦尚农	温别庄晏
chái qú yán chōng	mù lián rú xí	huàn ài yú róng
柴瞿阎充	慕连茹习	宦艾鱼容
xiàng gǔ yì shèn	gē liào yǔ zhōng	jì jū héng bù
向古易慎	戈廖庾终	暨居衡步
dū gěng mǎn hóng	kuāng guó wén kòu	guǎng lù què dōng
都耿满弘	匡国文寇	广禄阙东
ōu shū wò lì	yù yuè kuí lóng	shī gǒng shè niè
殴殳沃利	蔚越夔隆	师巩厍聂
cháo gōu áo róng	lěng zī xīn kàn	nā jiǎn ráo kōng
晁勾敖融	冷訾辛阚	那简饶空
zēng wú shā niè	yǎng jū xū fēng	cháo guān kuǎi xiāng
曾毋沙乜	养鞠须丰	巢关蒯相
zhā hòu jīng hóng	yóu zhú quán lù	gě yì huáng gōng
查后荆红	游竺权逯	盖益桓公
mò qí sī mǎ	shàng guān ōu yáng	xià hóu zhū gě
万俟司马	上官欧阳	夏侯诸葛
wén rén dōng fāng	hè lián huáng fǔ	yù chí gōng yáng
闻人东方	赫连皇甫	尉迟公羊

国学经典诵读

百家姓

| tán tái gōng yě | zōng zhèng pú yáng | chún yú chán yú |
| 澹台公冶 | 宗政濮阳 | 淳于单于 |

tài shū shēn tú　　gōng sūn zhòng sūn　　xuān yuán lìng hú
太叔申屠　　　公孙仲孙　　　轩辕令狐

zhōng lí yǔ wén　　zhǎng sūn mù róng　　xiān yú lǘ qiū
钟离宇文　　　长孙慕容　　　鲜于闾丘

sī tú sī kōng　　qí guān sī kòu　　zhǎng dū zǐ chē
司徒司空　　　亓官司寇　　　仉督子车

zhuān sūn duān mù　　wū mǎ gōng xī　　qī diāo yuè zhèng
颛孙端木　　　巫马公西　　　漆雕乐正

rǎng sì gōng liáng　　tuò bá jiā gǔ　　zǎi fǔ gǔ liáng
壤驷公良　　　拓跋夹谷　　　宰父谷梁

jìn chǔ yán fǎ　　rǔ yān tú qīn　　duàn gān bǎi lǐ
晋楚闫法　　　汝鄢涂钦　　　段干百里

dōng guō nán mén　　hū yán guī hǎi　　yáng shé wēi shēng
东郭南门　　　呼延归海　　　羊舌微生

yuè shuài gōu kàng　　kuàng hòu yǒu qín　　liáng qiū zuǒ qiū
岳帅缑亢　　　况后有琴　　　梁丘左丘

dōng mén xī mén　　shāng móu shé nài　　bó shǎng nán gōng
东门西门　　　商牟佘佴　　　伯赏南宫

mò hǎ qiáo dá　　nián ài yáng tóng　　dì wǔ yán fú
墨哈谯笪　　　年爱阳佟　　　第五言福

bǎi jiā xìng zhōng
百家姓终

千字文

天地玄黄　宇宙洪荒　日月盈昃
辰宿列张　寒来暑往　秋收冬藏
闰余成岁　律吕调阳　云腾致雨
露结为霜　金生丽水　玉出昆冈
剑号巨阙　珠称夜光　果珍李柰
菜重芥姜　海咸河淡　鳞潜羽翔
龙师火帝　鸟官人皇　始制文字
乃服衣裳　推位让国　有虞陶唐
吊民伐罪　周发殷汤　坐朝问道
垂拱平章　爱育黎首　臣伏戎羌

xiá ěr yī tǐ 遐迩一体	shuài bīn guī wáng 率宾归王	míng fèng zài zhú 鸣凤在竹
bái jū shí cháng 白驹食场	huà bèi cǎo mù 化被草木	lài jí wàn fāng 赖及万方
gài cǐ shēn fà 盖此身发	sì dà wǔ cháng 四大五常	gōng wéi jū yǎng 恭惟鞠养
qǐ gǎn huǐ shāng 岂敢毁伤	nǚ mù zhēn jié 女慕贞洁	nán xiào cái liáng 男效才良
zhī guò bì gǎi 知过必改	dé néng mò wàng 得能莫忘	wǎng tán bǐ duǎn 罔谈彼短
mǐ shì jǐ cháng 靡恃己长	xìn shǐ kě fù 信使可覆	qì yù nán liàng 器欲难量
mò bēi sī rǎn 墨悲丝染	shī zàn gāo yáng 诗赞羔羊	jǐng xíng wéi xián 景行维贤
kè niàn zuò shèng 克念作圣	dé jiàn míng lì 德建名立	xíng duān biǎo zhèng 形端表正
kōng gǔ chuán shēng 空谷传声	xū táng xí tīng 虚堂习听	huò yīn è jī 祸因恶积
fú yuán shàn qìng 福缘善庆	chǐ bì fēi bǎo 尺璧非宝	cùn yīn shì jìng 寸阴是竞
zī fù shì jūn 资父事君	yuē yán yǔ jìng 曰严与敬	xiào dāng jié lì 孝当竭力
zhōng zé jìn mìng 忠则尽命	lín shēn lǚ bó 临深履薄	sù xīng wēn qìng 夙兴温清
sì lán sī xīn 似兰斯馨	rú sōng zhī shèng 如松之盛	chuān liú bù xī 川流不息

渊澄取映 容止若思 言辞安定
笃初诚美 慎终宜令 荣业所基
籍甚无竟 学优登仕 摄职从政
存以甘棠 去而益咏
乐殊贵贱 礼别尊卑 上和下睦
夫唱妇随 外受傅训 入奉母仪
诸姑伯叔 犹子比儿 孔怀兄弟
同气连枝 交友投分 切磨箴规
仁慈隐恻 造次弗离 节义廉退
颠沛匪亏 性静情逸 心动神疲
守真志满 逐物意移 坚持雅操
好爵自縻
都邑华夏 东西二京 背邙面洛

浮渭据泾　宫殿盘郁　楼观飞惊

图写禽兽　画彩仙灵　丙舍傍启

甲帐对楹　肆筵设席　鼓瑟吹笙

升阶纳陛　弁转疑星　右通广内

左达承明　既集坟典　亦聚群英

杜稿钟隶　漆书壁经

府罗将相　路侠槐卿　户封八县

家给千兵　高冠陪辇　驱毂振缨

世禄侈富　车驾肥轻　策功茂实

勒碑刻铭　磻溪伊尹　佐时阿衡

奄宅曲阜　微旦孰营　桓公匡合

济弱扶倾　绮回汉惠　说感武丁

俊乂密勿　多士寔宁　晋楚更霸

赵魏困横　假途灭虢　践土会盟
何遵约法　韩弊烦刑　起翦颇牧
用军最精　宣威沙漠　驰誉丹青
九州禹迹　百郡秦并　岳宗泰岱
禅主云亭　雁门紫塞　鸡田赤城
昆池碣石　巨野洞庭　旷远绵邈
岩岫杳冥　治本于农　务兹稼穑
俶载南亩　我艺黍稷　税熟贡新
劝赏黜陟
孟轲敦素　史鱼秉直　庶几中庸
劳谦谨敕　聆音察理　鉴貌辨色
贻厥嘉猷　勉其祗植　省躬讥诫
宠增抗极　殆辱近耻　林皋幸即

两疏见机　解组谁逼　索居闲处
沉默寂寥　求古寻论　散虑逍遥
欣奏累遣　戚谢欢招
渠荷的历　园莽抽条　枇杷晚翠
梧桐蚤凋　陈根委翳　落叶飘摇
游鹍独运　凌摩绛霄
耽读玩市　寓目囊箱　易輶攸畏
属耳垣墙　具膳餐饭　适口充肠
饱饫烹宰　饥厌糟糠　亲戚故旧
老少异粮　妾御绩纺　侍巾帷房
纨扇圆洁　银烛炜煌　昼眠夕寐
蓝笋象床　弦歌酒宴　接杯举觞
矫手顿足　悦豫且康　嫡后嗣续

祭祀烝尝　稽颡再拜　悚惧恐惶
笺牒简要　顾答审详　骸垢想浴
执热愿凉　驴骡犊特　骇跃超骧
诛斩贼盗　捕获叛亡
布射僚丸　嵇琴阮啸　恬笔伦纸
钧巧任钓　释纷利俗　并皆佳妙
毛施淑姿　工颦妍笑　年矢每催
曦晖朗曜　璇玑悬斡　晦魄环照
指薪修祜　永绥吉劭　矩步引领
俯仰廊庙　束带矜庄　徘徊瞻眺
孤陋寡闻　愚蒙等诮　谓语助者
焉哉乎也

029 千字文

龙文鞭影
lóng wén biān yǐng

卷一
juàn yī

一东
yī dōng

cū chéng sì zì　huì ěr tóng méng　jīng shū xiá rì
粗成四字　诲尔童蒙　经书暇日

zǐ shǐ xū tōng　chóng huá dà xiào　wǔ mù jīng zhōng
子史须通　重华大孝　武穆精忠

yáo méi bā cǎi　shùn mù chóng tóng　shāng wáng dǎo yǔ
尧眉八彩　舜目重瞳　商王祷雨

hàn zǔ gē fēng　xiù xún hé běi　cè jù jiāng dōng
汉祖歌风　秀巡河北　策据江东

tài zōng huái yào　huán diǎn chéng cōng　jiā bīn fù xuě
太宗怀鹞　桓典乘骢　嘉宾赋雪

shèng zǔ yín hóng　yè xiān qiū shuǐ　xuān shèng chūn fēng
圣祖吟虹　邺仙秋水　宣圣春风

kǎi chóng dòu fù　hún jùn zhēng gōng　wáng lún shǐ lǔ
恺崇斗富　浑濬争功　王伦使虏

魏绛和戎　恂留河内　何守关中
曾除丁谓　皓折贾充　田骄贫贱
赵别雌雄　王戎简要　裴楷清通
子尼名士　少逸神童　巨伯高谊
许叔阴功　代雨李靖　止雹王崇
和凝衣钵　仁杰药笼　义伦清节
展获和风　占风令尹　辩日儿童
敝履东郭　粗服张融　卢杞除患
彭宠言功　放歌渔者　鼓枻诗翁
韦文朱武　阳孝尊忠　倚闾贾母
投阁扬雄　梁姬值虎　冯后当熊
罗敷陌上　通德宫中

 二冬

汉称七制　唐羡三宗　皋卿断舌
高祖伤胸　魏公切直　师德宽容
祢衡一鹗　路斯九龙　纯仁助麦
丁固梦松　韩琦芍药　李固芙蓉
乐羊七载　方朔三冬　郊祁并第
谭尚相攻　陶违雾豹　韩比云龙
洗儿妃子　校士昭容　彩鸾书韵
琴操参宗

 三江

古帝凤阁　刺史鸡窗　亡秦胡亥

兴汉刘邦　戴生独步　许子无双
柳眠汉苑　枫落吴江　鱼山警植
鹿门隐庞　浩从床匿　崧避杖撞
刘诗瓿覆　韩文鼎扛　愿归盘谷
杨忆石淙　弩名克敌　城筑受降
韦曲杜曲　梦窗草窗　灵征刍狗
诗祸花龙　嘉贞丝幔　鲁直彩缸

四支

王良策马　傅说骑箕　伏羲画卦
宣父删诗　高逢白帝　禹梦玄彝
寅陈七策　光进五规　鲁恭三异
杨震四知　邓攸弃子　郭巨埋儿

gōng yú jià bì	chǔ dào huán jī	yǔn zhū dǒng zhuó
公瑜嫁婢	处道还姬	允诛董卓
jiè shā wáng kuí	shí qián qiào jié	zhū hài xióng qí
玠杀王夔	石虔趫捷	朱亥雄奇
píng shū fù fěn	hóng zhì níng zhī	bó yú qì zhàng
平叔傅粉	弘治凝脂	伯俞泣杖
mò dí bēi sī	néng wén cáo zhí	shàn biàn zhāng yí
墨翟悲丝	能文曹植	善辩张仪
wēn gōng jǐng zhěn	dǒng zǐ xià wéi	huì shū zhāng xù
温公警枕	董子下帷	会书张旭
shàn huà wáng wéi	zhōu xiōng wú huì	jì shū bù chī
善画王维	周兄无慧	济叔不痴
dù jī guó shì	guō tài rén shī	yī chuān chuán yì
杜畿国士	郭泰人师	伊川 传易
jué fàn lùn shī	dǒng zhāo jiù yǐ	máo bǎo fàng guī
觉范论诗	董昭救蚁	毛宝放龟
chéng fēng zōng què	lì xuě yáng shí	ruǎn jí qīng yǎn
乘风宗悫	立雪杨时	阮籍青眼
mǎ liáng bái méi	hán zǐ gū fèn	liáng hóng wǔ yì
马良白眉	韩子孤愤	梁鸿五噫
qián kūn shì xiè	cuī chén qǐ mí	yǐn zhī mài quǎn
钱昆嗜蟹	崔谌乞麋	隐之卖犬
jǐng bó pēng cí	méi gāo mǐn jié	sī mǎ yān chí
井伯烹雌	枚皋敏捷	司马淹迟
zǔ yíng chēng shèng	pān yuè chéng qí	zǐ zhī méi yǔ
祖莹称圣	潘岳诚奇	紫芝眉宇

sī màn fēng zī	yù huì qiè yǐn	chén jì chéng mí
思曼风姿	毓会窃饮	谌纪成糜
hán kāng mài yào	zhōu shù rú zhī	liú gōng diàn hǔ
韩康卖药	周术茹芝	刘公殿虎
zhuāng zǐ tú guī	táng jǔ shànxiàng	biǎn què míng yī
庄子涂龟	唐举善相	扁鹊名医
hán qí fén shū	jiǎ dǎo jì shī	kāng hóu xùn zhí
韩琦焚疏	贾岛祭诗	康侯训侄
liáng bì kè ér	yán kuáng mò jí	shān qì nán zhī
良弼课儿	颜狂莫及	山器难知
lǎn cán wēi yù	lǐ bì shāo lí	gān shèn yáng pèi
懒残煨芋	李泌烧梨	干椹杨沛
jiāo fàn chén yí	wén shū jiè zǐ	ān shí qiú shī
焦饭陈遗	文舒戒子	安石求师
fáng nián mò jiǎn	yán wǔ chēng qí	dèng yún ài ài
防年末减	严武称奇	邓云艾艾
zhōu yuē qī qī	zhōu shī yuán hú	liáng xiàng yuān chī
周曰期期	周师猿鹄	梁相鸢鸱
lín táo dà hàn	qióng yá xiǎo ér	dōng yáng qiǎo duì
临洮大汉	琼崖小儿	东阳巧对
rǔ xī qí shī	qǐ qī sān lè	cáng yòng wǔ zhī
汝锡奇诗	启期三乐	藏用五知
duò zèng shū dá	fā wèng zhōng lí	yī qián zhū lì
堕甑叔达	发瓮钟离	一钱诛吏
bàn bì lián jī	wáng hú suǒ shí	luó yǒu qǐ cí
半臂怜姬	王胡索食	罗友乞祠

召父杜母　雍友杨师　直言解发
京兆画眉　美姬工笛　老婢吹篪

五　微

敬叔受饷　吴祐遗衣　淳于窃笑
司马微讥　子房辟谷　公信采薇
卜商闻过　伯玉知非　仕治远志
伯约当归　商安鹑服　章泣牛衣
蔡陈善谑　王葛交讥　陶公运甓
孟母断机

六　鱼

少帝坐膝　太子牵裾　卫懿好鹤

鲁隐观鱼　蔡伦造纸　刘向校书
朱云折槛　禽息击车　耿恭拜井
郑国穿渠　国华取印　添丁抹书
细侯竹马　宗孟银鱼　管宁割席
和峤专车　渭阳袁湛　宅相魏舒
永和拥卷　次道藏书　镇周赠帛
虙子驱车　廷尉罗雀　学士焚鱼
冥鉴季达　预识卢储　宋均渡虎
李白乘驴　仓颉造字　虞卿著书
班妃辞辇　冯诞同舆

七　虞

西山精卫　东海麻姑　楚英信佛

秦政坑儒　曹公多智　颜子非愚
伍员覆楚　勾践灭吴　君谟龙片
王肃酪奴　蔡衡辨凤　义府题乌
苏秦刺股　李勣焚须　介诚狂直
端不糊涂　关西孔子　江左夷吾
赵抃携鹤　张翰思鲈　李佳国士
聂悯田夫　善讴王豹　直笔董狐
赵鼎倔强　朱穆专愚　张侯化石
孟守还珠　毛遂脱颖　终军弃繻
佐卿化鹤　次仲为乌　韦述杞梓
卢植楷模　士衡黄耳　子寿飞奴
直书吴兢　公议袁枢　陈胜辍锸
介子弃觚　谢名蝴蝶　郑号鹧鸪

戴和书简　郑侠呈图　瑕丘卖药
邺令投巫　冰山右相　铜臭司徒
武陵渔父　闽越樵夫　渔人鹬蚌
田父龛卢　郑家诗婢　郗氏文奴

卷二

八齐

子晋牧豕　仙翁祝鸡　武王归马
裴度还犀　重耳霸晋　小白兴齐
景公禳彗　窦俨占奎　卓敬冯虎
西巴释麑　信陵捕鹞　祖逖闻鸡
赵苞弃母　吴起杀妻　陈平多辙

李广成蹊　烈裔刻虎　温峤燃犀
梁公驯鹊　茅容割鸡

九　佳

禹钧五桂　王祐三槐　同心向秀
肖貌伯偕　袁闳土室　羊侃水斋
敬之说好　郭讷言佳　陈瓘责己
阮籍咏怀

十　灰

初平起石　左慈掷杯　名高麟阁
功显云台　朱熹正学　苏轼奇才
渊明赏菊　和靖观梅　鸡黍张范

胶漆陈雷　耿弇北道　僧孺西台
建封受贶　孝基还财　準题华岳
绰赋天台　穆生决去　贾郁重来
台乌成兆　屏雀为媒　平仲无术
安道多才　杨亿鹤蜕　窦武蛇胎
湘妃泣竹　钼䥯触槐　阳雍五璧
温峤一台

十一　真

孔门十哲　殷室三仁　晏能处己
鸿耻因人　文翁教士　朱邑爱民
太公钓渭　伊尹耕莘　皋惟团力
泌仅献身　丧邦黄皓　误国章惇

yāng gēng qín fǎ	pǔ dú lǔ lún	lǚ zhū huà shì
鞅更秦法	普读鲁论	吕诛华士
kǒng lù wén rén	bào shèng chí fǔ	zhāng gāng mái lún
孔戮闻人	暴胜持斧	张纲埋轮
sūn fēi shí miàn	wéi qǐ chéng shēn	lìng gōng qǐng shuì
孙非识面	韦岂呈身	令公请税
cháng rú shū mín	bái zhōu cì shǐ	jiàng xiàn lǎo rén
长孺输缗	白州刺史	绛县老人
jǐng xíng lián mù	jǐn xuǎn huā yīn	xī chāo zào zhái
景行莲幕	谨选花裀	郗超造宅
jì yǎ mǎi lín	shòu chāng xún mǔ	dǒng yǒng mài shēn
季雅买邻	寿昌寻母	董永卖身
jiàn ān qī zǐ	dà lì shí rén	xiāng shān shī jià
建安七子	大历十人	香山诗价
sūn jì gū mín	lìng yán sūn wǔ	fǎ biàn zhāng xún
孙济酷缗	令严孙武	法变张巡
gēng yī fàn rǎn	guǎng bèi mèng rén	bǐ chuáng chá zào
更衣范冉	广被孟仁	笔床茶灶
yǔ shàn guān jīn	guàn fū shǐ jiǔ	liú sì mà rén
羽扇纶巾	灌夫使酒	刘四骂人
yǐ niú yì mǎ	gǎi shì wéi mín	kuàng xiān biǎo shèng
以牛易马	改氏为民	圹先表圣
dēng hòu shěn bīn		
灯候沈彬		

十二 文

谢敷处士　宋景贤君　景宗险韵
刘辉奇文　袁安卧雪　仁杰望云
貌疏宰相　腹负将军　梁亭窃灌
曾囿误耘　张巡军令　陈琳檄文
羊殖益上　宁越弥勤　蔡邕倒屣
卫瓘披云　巨山龟息　遵彦龙文

十三 元

傲倪昭谏　茂异简言　金书梦珏
纱护卜藩　童恢捕虎　古冶持鼋
何奇韩信　香化陈元　徐幹中论

扬雄法言　力称乌获　勇尚孟贲
八龙荀氏　五豸唐门　张瞻炊臼
庄周鼓盆　疏脱士简　博奥文元
敏修未娶　陈峤初婚　长公思过
定国平冤　陈遵投辖　魏勃扫门
孙琏织屦　阮咸曝裈　晦堂无隐
汭山不言

十四寒

庄生蝴蝶　吕祖邯郸　谢安折屐
贡禹弹冠　颛容王导　浚杀曲端
休那题碣　叔邵凭棺　如龙诸葛
似鬼曹瞒　爽欣御李　白愿识韩

黔娄布被　优孟衣冠　长歌宁戚
鼾睡陈抟　曾参务益　庞德遗安
穆亲杵臼　商化芝兰　葛洪负笈
高凤持竿　释之结袜　子夏更冠
直言唐介　雅量刘宽　捋须何点
捉鼻谢安　张华龙鲊　闵贡猪肝
渊材五恨　郭奕三叹　弘景作相
延祖弃官　二疏供帐　四皓衣冠
曼卿豪饮　廉颇雄餐　长康三绝
元方二难　曾辞温饱　城忍饥寒
买臣怀绶　逢萌挂冠　循良伏湛
儒雅儿宽　欧母画荻　柳母和丸
韩屏题叶　燕姞梦兰　漂母进食

huàn fù fēn cān
浣妇分餐

shí wǔ shān
十五 删

lìng wēi huá biǎo 令威华表	dù yǔ xī shān 杜宇西山	fàn zēng jǔ jué 范增举玦
yáng hù tàn huán 羊祜探环	shěn zhāo kuáng shòu 沈昭狂瘦	féng dào chī wán 冯道痴顽
chén fān xià tà 陈蕃下榻	zhì yùn jù guān 郅恽拒关	xuě yè qín cài 雪夜擒蔡
dēng xī píng mán 灯夕平蛮	guō jiā jīn xué 郭家金穴	dèng shì tóng shān 邓氏铜山
bǐ gān shòu cè 比干受策	yáng bǎo zhǎng huán 杨宝掌环	yàn yīng néng jiǎn 晏婴能俭
sū shì wéi qiān 苏轼为悭	táng kāi luò shuǐ 堂开洛水	shè jié xiāng shān 社结香山
là huā qí fàng 腊花齐放	chūn guì tóng pān 春桂同攀	

 卷三

 一先

飞凫叶令　驾鹤缑仙　刘晨采药
茂叔观莲　阳公麾日　武乙射天
唐宗三鉴　刘宠一钱　叔武守国
李牧备边　少翁致鬼　栾大求仙
彧臣曹操　猛相苻坚　汉家三杰
晋室七贤　居易识字　童乌预玄
黄琬对日　秦宓论天　元龙湖海
司马山川　操诛吕布　膑杀庞涓
羽救巨鹿　準策澶渊　应融丸药

阎敞还钱　范居让水　吴饮贪泉

薛逢羸马　刘胜寒蝉　捉刀曹操

拂矢贾坚　晦肯负国　质愿亲贤

罗友逢鬼　潘谷称仙　茂弘练服

子敬青毡　王奇雁字　韩浦鸾笺

安之画地　德裕筹边　平原十日

苏章二天　徐勉风月　弃疾云烟

舜钦斗酒　法主蒲鞴　绕朝赠策

苻坚投鞭　豫让吞炭　苏武餐毡

金台招士　玉署贮贤　宋臣宗泽

汉使张骞　胡姬人种　名妓书仙

二 萧 èr xiāo

téng wáng jiá dié	mó jié bā jiāo	què yī shī dào
滕王蛱蝶	摩诘芭蕉	却衣师道
tóu bǐ bān chāo	féng guān wǔ dài	jì xiàng sān cháo
投笔班超	冯官五代	季相三朝
liú fén xià dì	lú zhào duó biāo	líng gān xiáng lǔ
刘蕡下第	卢肇夺标	陵甘降虏
zhú chǐ chén zhāo	lóng pín shài fù	qián lǎn zhé yāo
蠋耻臣昭	隆贫晒腹	潜懒折腰
wéi shòu shǔ jǐn	yuán zài jiāo xiāo	pěng xí máo yì
韦绶蜀锦	元载鲛绡	捧檄毛义
jué jū wēn qiáo	zhèng qián zhù shì	huái sù zhòng jiāo
绝裾温峤	郑虔贮柿	怀素种蕉
yán zǔ hè lì	mào hóng lóng chāo	xuán yú yáng xù
延祖鹤立	茂弘龙超	悬鱼羊续
liú dú shí miáo	guì fēi pěng yàn	nòng yù chuī xiāo
留犊时苗	贵妃捧砚	弄玉吹箫

三 肴 sān yáo

luán bā jiù huǒ	xǔ xùn chú jiāo	shī qióng wǔ jì
栾巴救火	许逊除蛟	诗穷五际

易布三爻　清时安石　奇计居郯
湖循莺胆　泉访虎跑　近游束皙
诡术尸佼　翱狂晞发　稽懒转胞
西溪晏咏　北陇孔巢　民皆字郑
羌愿姓包　骑鹏沈晦　射鸭孟郊
戴颙鼓吹　贾岛推敲

四 豪

禹承虞舜　说相殷高　韩侯敝袴
张禄绨袍　相如题柱　韩愈焚膏
捐生纪信　争死孔褒　孔璋文伯
梦得诗豪　马援矍铄　巢父清高
伯伦鸡肋　超宗凤毛　服虔赁作

chē yìn zhòng láo	zhāng yí zhé zhú	rén mò rán hāo
车胤重劳	张仪折竹	任末燃蒿
hè xún bīng yù	gōng jǐn chún láo	páng gōng xiū chàng
贺循冰玉	公瑾醇醪	庞公休畅
liú zǐ gāo cāo	jì zhá guà jiàn	lǚ qián zèng dāo
刘子高操	季札挂剑	吕虔赠刀
lái hù zhuó luò	liáng sǒng jīn gāo	zhuāng xīn chǔ zhòng
来护卓荦	梁竦矜高	壮心处仲
cāo xíng chén táo	zǐ jīng shuǎng mài	xiào bó qīng cāo
操行陈陶	子荆爽迈	孝伯清操
lǐ dìng liù yì	shí yù sān háo	zhèng hóng huán jiàn
李订六逸	石与三豪	郑弘还箭
yuán xìng chéng dāo	liú yīn qī yè	hé diǎn sān gāo
元性成刀	刘殷七业	何点三高

wǔ gē
五 歌

èr shǐ rù shǔ	wǔ lǎo yóu hé	sūn dēng zuò xiào
二使入蜀	五老游河	孙登坐啸
tán qiào xíng gē	hàn wáng fēng chǐ	qí zhǔ pēng ē
谭峭行歌	汉王封齿	齐主烹阿
dīng lán kè mù	wáng zhì làn kē	huò guāng zhōng hòu
丁兰刻木	王质烂柯	霍光忠厚
huáng bà kuān hé	huán tán fēi chèn	wáng shāng zhǐ é
黄霸宽和	桓谭非谶	王商止讹

yǐn wēng gōng shèng　　cì kè jīng kē　　lǎo rén jié cǎo
隐翁龚胜　　　刺客荆轲　　　老人结草

è fū dǎo gē　　yì kuān lǐ nè　　bēi zuàn sūn hé
饿夫倒戈　　　弈宽李讷　　　碑赚孙何

zǐ yóu xiào yǒng　　sī lì yín é　　yì shì diāo ěr
子猷啸咏　　　斯立吟哦　　　奕世貂珥

lú lǐ míng kē　　tán chuò sī zhú　　póu fèi lù é
闾里鸣珂　　　昙辍丝竹　　　裒废蓼莪

jī chén wǔ fú　　huà zhù sān duō
箕陈五福　　　华祝三多

liù　　má
六　　麻

wàn dàn qín shì　　sān jǐ cuī jiā　　tuì zhī qū è
万石秦氏　　　三戟崔家　　　退之驱鳄

shū áo mái shé　　yú xǔ yì fú　　dào jì liáng shā
叔敖埋蛇　　　虞诩易服　　　道济量沙

jí cí kuì ròu　　qióng què xiǎng guā　　zhài zūn zǔ dòu
伋辞馈肉　　　琼却饷瓜　　　祭遵俎豆

chái shào pí pá　　fǎ cháng píng jiǔ　　hóng jiàn lùn chá
柴绍琵琶　　　法常评酒　　　鸿渐论茶

táo yí sōng jú　　tián lè yān xiá　　mèng yè jiǔ suì
陶怡松菊　　　田乐烟霞　　　孟邺九穗

zhèng jué yì má　　yán huí liàn mǎ　　yuè guǎng bēi shé
郑珏一麻　　　颜回练马　　　乐广杯蛇

罗珦持节　王播笼纱　能言李泌
敢谏香车　韩愈辟佛　傅奕除邪
春藏足垢　邕嗜疮痂　薛笺成彩
江笔生花　班昭汉史　蔡琰胡笳
凤凰律吕　鹦鹉琵琶　渡传桃叶
村名杏花

七阳

君起盘古　人始亚当　明皇花萼
灵运池塘　神威翼德　义勇云长
羿雄射日　衍愤飞霜　王祥求鲤
叔向埋羊　亮方管乐　勒比高光
世南书监　晁错智囊　昌囚羑里

shōu dùn shǒu yáng	shì gōng zhèng shū	jùn jǔ lǐ gāng
收遁首阳	轼攻正叔	浚沮李纲
xiáng jīn liú yù	shùn lǔ bāng chāng	yú shāo chì bì
降金刘豫	顺虏邦昌	瑜烧赤壁
shì zhé huáng gāng	mǎ róng jiàng zhàng	lǐ hè jǐn náng
轼谪黄冈	马融绛帐	李贺锦囊
tán qiān yíng zàng	zhī xí lín sāng	rén yù shī jiào
昙迁营葬	脂习临丧	仁裕诗窖
liú shì mò zhuāng	liú kūn xiào yuè	bó qí lǚ shuāng
刘式墨庄	刘琨啸月	伯奇履霜
sài wēng shī mǎ	zāng gǔ wáng yáng	kòu gōng kū zhú
塞翁失马	臧谷亡羊	寇公枯竹
shào bó gān táng	kuāng héng záo bì	sūn jìng xuán liáng
召伯甘棠	匡衡凿壁	孙敬悬梁
yī lú mǐn sǔn	shān zhěn huáng xiāng	yīng fú zhào shì
衣芦闵损	扇枕黄香	婴扶赵氏
jí shā huái wáng	wèi zhēng wǔ mèi	ruǎn jí chāng kuáng
籍杀怀王	魏徵妩媚	阮籍猖狂
diāo lóng liú xié	mǐn jì yīng yáng	yù chē tài dòu
雕龙刘勰	愍骥应玚	御车泰豆
xí shè jǐ chāng	yì rén yàn bó	nán zǐ tiān xiáng
习射纪昌	异人彦博	男子天祥
zhōng zhēn gǔ bì	qí jié rén táng	hé yàn tán yì
忠贞古弼	奇节任棠	何晏谈易
guō xiàng zhù zhuāng	wò yóu zōng zǐ	zuò yǐn wáng láng
郭象注庄	卧游宗子	坐隐王郎

dào jiǔ bì zhuó	gē ròu dōng fāng	lǐ yīng pò zhù
盗酒毕卓	割肉东方	李膺破柱
wèi guàn fǔ chuáng	yíng jūn xì liǔ	jiào liè cháng yáng
卫瓘抚床	营军细柳	校猎长杨
zhōng wǔ jù diàn	dé yù jū sāng	áo cáo xióng yì
忠武具奠	德玉居丧	敖曹雄异
yuán fā shū kuáng	kòu què lì bù	lǚ zhì jiā náng
元发疏狂	寇却例簿	吕置夹囊
yàn shēng bái jiǎn	yuán lǔ qīng xiāng	kǒng róng liǎo liǎo
彦升白简	元鲁青箱	孔融了了
huáng xiàn wāng wāng	sēng yán bú cè	zhào yī fēi cháng
黄宪汪汪	僧岩不测	赵壹非常
shěn sī hào kè	yán sì wéi láng	shēn tú sōng wū
沈思好客	颜驷为郎	申屠松屋
wèi yě cǎo táng	dài yuān xī luò	zǔ tì nán táng
魏野草堂	戴渊西洛	祖逖南塘
qīng chéng dá jǐ	jià lǔ wáng qiáng	guì fēi táo jì
倾城妲己	嫁虏王嫱	贵妃桃髻
gōng zhǔ méi zhuāng	jí liǎo sī hàn	gòng fèng zhōng táng
公主梅妆	吉了思汉	供奉忠唐

卷四

八庚

萧收图籍　孔惜繁缨　卞庄刺虎
李白骑鲸　王戎支骨　李密陈情
相如完璧　廉颇负荆　从龙介子
飞雁苏卿　忠臣洪皓　义士田横
李平鳞甲　苟变干城　景文饮鸩
茅焦伏烹　许丞耳重　丁掾目盲
佣书德润　卖卜君平　马当王勃
牛渚袁宏　谈天邹衍　稽古桓荣
岐曾贩饼　平得分羹　卧床逸少

升座延明　王勃心织　贾逵舌耕
悬河郭子　缓颊郦生　书成凤尾
画点龙睛　功臣图阁　学士登瀛
卢携貌丑　卫玠神清　非熊再世
圆泽三生　安期东渡　潘岳西征
志和耽钓　宗仪辍耕　卫鞅行诈
羊祜推诚　林宗倾粥　文季争羹
茂贞苛税　阳城缓征　北山学士
南郭先生　文人鹏举　名士道衡
灌园陈定　为圃苏卿　融赋沧海
祖咏彭城　温公万卷　沈约四声
许询胜具　谢客游情　不齐宰单
子推相荆　仲淹复姓　潘阆藏名

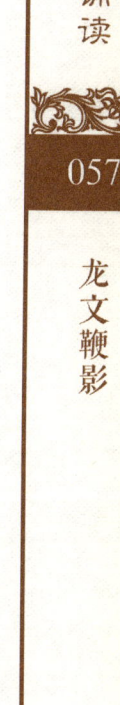

烹茶秀实　漉酒渊明　善酿白堕
纵饮公荣　仪狄造酒　德裕调羹
印屏王氏　前席贾生

九 青

经传御史　偈赠提刑　士安正字
次仲谈经　咸遵祖腊　宽识天星
景焕垂戒　班固勒铭　能诗杜甫
嗜酒刘伶　张绰剪蝶　车胤囊萤
鸲鹆学语　鹦鹉诵经

十 蒸

公远玩月　法喜观灯　燕投张说

凤集徐陵　献之书练　夏竦题绫
安石执拗　味道模棱　韩仇良复
汉纪备承　存鲁端木　救赵信陵
邵雍识乱　陵母知兴

十一　尤

琴高赤鲤　李耳青牛　明皇羯鼓
炀帝龙舟　羲叔正夏　宋玉悲秋
才压元白　气吞曹刘　信擒梦泽
翻徙交州　曹参辅汉　周勃安刘
太初日月　季野春秋　公超成市
长孺为楼　楚邱始壮　田豫乞休
向长损益　韩愈斗牛　瑾除酿部

xuán bài yǐn hóu	gōng sūn dōng gé	páng tǒng nán zhōu
玄拜隐侯	公孙东阁	庞统南州
yuán dān zhì mào	rén jié xié qiú	zǐ jiāng yuè dàn
袁耽掷帽	仁杰携裘	子将月旦
ān guó yáng qiū	dé yú xī yè	yǔ liàng nán lóu
安国阳秋	德舆西掖	庾亮南楼
liáng yín kuǐ lěi	zhuāng mèng dú lóu	mèng chēng qīng fā
梁吟傀儡	庄梦髑髅	孟称清发
yīn hào fēng liú	jiàn jī zǐ jìng	fàn jì yáng xiū
殷号风流	见讥子敬	犯忌杨修
xún xī lěi luǎn	wáng jī zài zhōu	shā ōu kě xiá
荀息累卵	王基载舟	沙鸥可狎
jiāo lù nán qiú	huáng lián chí shàng	yáng yǒng lóu tóu
蕉鹿难求	黄联池上	杨咏楼头
cáo bīng xùn sù	lǐ shǐ chí liú	kǒng míng liú mǎ
曹兵迅速	李使迟留	孔明流马
tián dān huǒ niú	wǔ hóu qí shàn	jiǔ bì zhēn xiū
田单火牛	五侯奇膳	九婢珍馐
guāng ān gēng diào	fāng mù cháo yóu	shì jī mìng jià
光安耕钓	方慕巢由	适嵇命驾
fǎng dài cāo zhōu	zhuàn tuī shǐ zhòu	lì shàn zhōng yáo
访戴操舟	篆推史籀	隶善钟繇
shào guā wǔ sè	lǐ jú qiān tóu	fāng liú yù dài
邵瓜五色	李橘千头	芳留玉带
lín bǔ jīn ōu	sūn yáng shí mǎ	bǐng jí wèn niú
琳卜金瓯	孙阳识马	丙吉问牛

盖忘苏隙　聂报严仇　公艺百忍

孙昉四休　钱塘驿邸　燕子楼头

十二 侵

苏耽橘井　董奉杏林　汉宣读令

夏禹惜阴　蒙恬造笔　太昊制琴

敬微谢馈　明善辞金　睢阳嚼齿

金藏披心　固言柳汁　玄德桑阴

姜桂敦复　松柏世林　杜预传癖

刘峻书淫　钟会窃剑　不疑盗金

桓伊弄笛　子昂碎琴　琴张礼意

苏轼文心　公权隐谏　蕴古详箴

广平作赋　何逊行吟　荆山泣玉

梦穴唾金　孟嘉落帽　宋玉披襟
沫经三败　获被七擒　易牙调味
钟子聆音　令狐冰语　司马琴心
灭明毁璧　庞蕴投金　左思三赋
程颐四箴

十三 覃

陶母截发　姜后脱簪　达摩面壁
弥勒同龛　龙逢极谏　王衍清谈
青威漠北　彬下江南　遐福郭令
上寿童参　郗愔启箧　殷羡投函
禹偁敏赡　鲁直沉酣　师徒布算
姑妇手谈

十四 盐

凤仪李揆　骨相吕岩　魏牟尺缞

裴度千缣　孺子磨镜　麟士织帘

华歆逃难　叔子避嫌　盗知李涉

虏惧仲淹　尾生岂信　仲子非廉

由餐藜藿　鬲贩鱼盐　五湖范蠡

三径陶潜　徐邈通介　崔郾宽严

易操守剑　归罪遗缣

十五 咸

深情子野　神识阮咸　公孙白纻

司马青衫　狄梁被谮　杨亿蒙谗

bù zhòng yí nuò　jīn shèn sān jiān　yàn shēng fēi shǎo
布重一诺　　金慎三缄　　彦升非少

zhòng jǔ bù fán　gǔ rén wàn yì　bú jìn zī hán
仲举不凡　　古人万亿　　不尽兹函

声律启蒙

卷上

一 东

云对雨,雪对风,晚照对晴空。来鸿对去燕,宿鸟对鸣虫。三尺剑,六钧弓,岭北对江东。人间清暑殿,天上广寒宫。两岸晓烟杨柳绿,一园春雨杏花红。两鬓风霜,途次早行之客;一蓑烟雨,溪边晚钓之翁。

沿对革,异对同,白叟对黄童。江

风对海雾,牧子对渔翁。颜巷陋,阮途穷,冀北对辽东。池中濯足水,门外打头风。梁帝讲经同泰寺,汉皇置酒未央宫。尘虑萦心,懒抚七弦绿绮;霜华满鬓,羞看百炼青铜。

贫对富,塞对通,野叟对溪童。鬓皤对眉绿,齿皓对唇红。天浩浩,日融融,佩剑对弯弓。半溪流水绿,千树落花红。野渡燕穿杨柳雨,芳池鱼戏芰荷风。女子眉纤,额下现一弯新月;男儿气壮,胸中吐万丈长虹。

二冬

春对夏,秋对冬,暮鼓对晨钟。观山对玩水,绿竹对苍松。冯妇虎,叶公龙,舞蝶对鸣蛩。衔泥双紫燕,课蜜几黄蜂。春日园中莺恰恰,秋天塞外雁雍雍。秦岭云横,迢递八千远路;巫山雨洗,嵯峨十二危峰。

明对暗,淡对浓,上智对中庸。镜奁对衣笥,野杵对村舂。花灼烁,草蒙茸,九夏对三冬。台高名戏马,斋小号蟠龙。手擘蟹螯从毕卓,身披鹤氅自王恭。五老峰高,秀插云霄如玉笔;三姑

石大，响传风雨若金镛。仁对义，让对恭，禹舜对羲农。雪花对云叶，芍药对芙蓉。陈后主，汉中宗，绣虎对雕龙。柳塘风淡淡，花圃月浓浓。春日正宜朝看蝶，秋风那更夜闻蛩。战士邀功，必借干戈成勇武；逸民适志，须凭诗酒养疏慵。

三江

楼对阁，户对窗，巨海对长江。蓉裳对蕙帐，玉斝对银釭。青布幔，碧油幢，宝剑对金缸。忠心安社稷，利口覆家邦。世祖中兴延马武，桀王失道杀龙

逢。秋雨潇潇,漫烂黄花都满径;春风袅袅,扶疏绿竹正盈窗。

旌对旆,盖对幢,故国对他邦。千山对万水,九泽对三江。山岌岌,水淙淙,鼓振对钟撞。清风生酒舍,白月照书窗。阵上倒戈辛纣战,道旁系剑子婴降。夏日池塘,出没浴波鸥对对;春风帘幕,往来营垒燕双双。

铢对两,只对双,华岳对湘江。朝车对禁鼓,宿火对寒釭。青琐闼,碧纱窗,汉社对周邦。笙箫鸣细细,钟鼓响摐摐。主簿栖鸾名有览,治中展骥姓惟庞。苏武牧羊,雪屡餐于北海;庄周活鲋，水必决于西江。

四支

茶对酒，赋对诗，燕子对莺儿。栽花对种竹，落絮对游丝。四目颉，一足夔，鸲鹆对鹭鸶。半池红菡萏，一架白荼蘼。几阵秋风能应候，一犁春雨甚知时。智伯恩深，国士吞变形之炭；羊公德大，邑人竖堕泪之碑。

行对止，速对迟，舞剑对围棋。花笺对草字，竹简对毛锥。汾水鼎，岘山碑，虎豹对熊罴。花开红锦绣，水漾碧琉璃。去妇因探邻舍枣，出妻为种后园葵。笛韵和谐,仙管恰从云里降;橹声咿轧,渔舟正向雪中移。

戈对甲,鼓对旗,紫燕对黄鹂。梅酸对李苦,青眼对白眉。三弄笛,一围棋,雨打对风吹。海棠春睡早,杨柳昼眠迟。张骏曾为槐树赋,杜陵不作海棠诗。晋士特奇,可比一斑之豹;唐儒博识,堪为五总之龟。

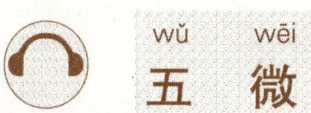

五微

来对往,密对稀,燕舞对莺飞。风清对月朗,露重对烟微。霜菊瘦,雨梅肥,客路对渔矶。晚霞舒锦绣,朝露缀

珠玑。夏暑客思欹石枕,秋寒妇念寄边衣。春水才深,青草岸边渔父去;夕阳半落,绿莎原上牧童归。

宽对猛,是对非,服美对乘肥。珊瑚对玳瑁,锦绣对珠玑。桃灼灼,柳依依,绿暗对红稀。窗前莺并语,帘外燕双飞。汉致太平三尺剑,周臻大定一戎衣。吟成赏月之诗,只愁月堕;斟满送春之酒,惟憾春归。

声对色,饱对饥,虎节对龙旗。杨花对桂叶,白简对朱衣。龙也吷,燕于飞,荡荡对巍巍。春暄资日气,秋冷借霜威。出使振威冯奉世,治民异等尹翁归。燕我弟兄,载咏棣棠韡韡;命伊将帅,为歌杨柳依依。

六 鱼

无对有,实对虚,作赋对观书。绿窗对朱户,宝马对香车。伯乐马,浩然驴,弋雁对求鱼。分金齐鲍叔,奉璧蔺相如。掷地金声孙绰赋,回文锦字窦滔书。未遇殷宗,胥靡困傅岩之筑;既逢周后,太公舍渭水之渔。

终对始,疾对徐,短褐对华裾。六朝对三国,天禄对石渠。千字策,八行书,有若对相如。花残无戏蝶,藻密有

潜鱼。落叶舞风高复下,小荷浮水卷还舒。爱见人长,共服宣尼休假盖;恐彰己吝,谁知阮裕竟焚车。

麟对凤,鳖对鱼,内史对中书。犁锄对耒耜,畎浍对郊墟。犀角带,象牙梳,驷马对安车。青衣能报赦,黄耳解传书。庭畔有人持短剑,门前无客曳长裾。波浪拍船,骇舟人之水宿;峰峦绕舍,乐隐者之山居。

七 虞

金对玉,宝对珠,玉兔对金乌。孤舟对短棹,一雁对双凫。横醉眼,捻吟须，李白对杨朱。秋霜多过雁，夜月有啼乌。日暖园林花易赏，雪寒村舍酒难沽。人处岭南，善探巨象口中齿；客居江左，偶夺骊龙颔下珠。

贤对圣，智对愚，傅粉对施朱。名缰对利锁，挈榼对提壶。鸠哺子，燕调雏，石帐对郇厨。烟轻笼岸柳，风急撼庭梧。鸲眼一方端石砚，龙涎三炷博山炉。曲沼鱼多，可使渔人结网；平田兔少，漫劳耕者守株。

秦对赵，越对吴，钓客对耕夫。箕裘对杖履，杞梓对桑榆。天欲晓，日将晡，狡兔对妖狐。读书甘刺股，煮粥惜

焚须。韩信武能平四海,左思文足赋三都。嘉遁幽人,适志竹篱茅舍;胜游公子,玩情柳陌花衢。

八齐

岩对岫,涧对溪,远岸对危堤。鹤长对凫短,水雁对山鸡。星拱北,月流西,汉露对汤霓。桃林牛已放,虞坂马长嘶。叔侄去官闻广受,弟兄让国有夷齐。三月春浓,芍药丛中蝴蝶舞;五更天晓,海棠枝上子规啼。

云对雨,水对泥,白璧对玄圭。献瓜对投李,禁鼓对征鼙。徐稚榻,鲁班梯，凤鸐对鸾栖。有官清似水，无客醉如泥。截发惟闻陶侃母，断机只有乐羊妻。秋望佳人，目送楼头千里雁；早行远客，梦惊枕上五更鸡。

熊对虎，象对犀，霹雳对虹霓。杜鹃对孔雀，桂岭对梅溪。萧史凤，宋宗鸡，远近对高低。水寒鱼不跃，林茂鸟频栖。杨柳和烟彭泽县，桃花流水武陵溪。公子追欢，闲骤玉骢游绮陌；佳人倦绣，闷欹珊枕掩香闺。

九 佳

河对海，汉对淮，赤岸对朱崖。鹭

飞对鱼跃，宝钿对金钗。鱼圉圉，鸟喈喈，草履对芒鞋。古贤崇笃厚，时辈喜诙谐。孟训文公谈性善，颜师孔子问心斋。缓抚琴弦，像流莺而并语；斜排筝柱，类过雁之相挨。

丰对俭，等对差，布袄对荆钗。雁行对鱼阵，榆塞对兰崖。挑荠女，采莲娃，菊径对苔阶。诗成六义备，乐奏八音谐。造律吏哀秦法酷，知音人说郑声哇。天欲飞霜，塞上有鸿行已过；云将作雨，庭前多蚁阵先排。

城对市，巷对街，破屋对空阶。桃枝对桂叶，砌蚓对墙蜗。梅可望，橘堪怀,季路对高柴。花藏沽酒市,竹映读书斋。马首不容孤竹扣,车轮终就洛阳埋。朝宰锦衣,贵束乌犀之带;宫人宝髻,宜簪白燕之钗。

十 灰

增对损,闭对开,碧草对苍苔。书签对笔架,两曜对三台。周召虎,宋桓魋,阆苑对蓬莱。薰风生殿阁,皓月照楼台。却马汉文思罢献,吞蝗唐太冀移灾。照耀八荒,赫赫丽天秋日;震惊百里,轰轰出地春雷。

沙对水,火对灰,雨雪对风雷。书

淫对传癖，水浒对岩隈。歌旧曲，酿新醅，舞馆对歌台。春棠经雨放，秋菊傲霜开。作酒固难忘曲蘖，调羹必要用盐梅。月满庾楼，据胡床而可玩；花开唐苑，轰羯鼓以奚催。

休对咎，福对灾，象箸对犀杯。宫花对御柳，峻阁对高台。花蓓蕾，草根荄，剔藓对剜苔。雨前庭蚁闹，霜后阵鸿哀。元亮南窗今日傲，孙弘东阁几时开。平展青茵，野外茸茸软草；高张翠幄，庭前郁郁凉槐。

十一 真

邪对正,假对真,獬豸对麒麟。韩卢对苏雁,陆橘对庄椿。韩五鬼,李三人,北魏对西秦。蝉鸣哀暮夏,莺啭怨残春。野烧焰腾红烁烁,溪流波皱碧粼粼。行无踪,居无庐,颂成酒德;动有时,藏有节,论著钱神。

哀对乐,富对贫,好友对嘉宾。弹冠对结绶,白日对青春。金翡翠,玉麒麟,虎爪对龙鳞。柳塘生细浪,花径起香尘。闲爱登山穿谢屐,醉思漉酒脱陶巾。雪冷霜严,倚槛松筠同傲岁;日迟风暖,满园花柳各争春。

香对火,炭对薪,日观对天津。禅心对道眼,野妇对宫嫔。仁无敌,德有邻,万石对千钧。滔滔三峡水,冉冉一溪冰。充国功名当画阁,子张言行贵书绅。笃志诗书,思入圣贤绝域;忘情官爵,羞沾名利纤尘。

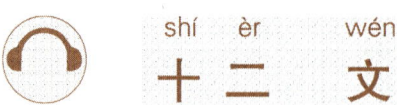 十二 文

家对国,武对文,四辅对三军。九经对三史,菊馥对兰芬。歌北鄙,咏南薰,迩听对遥闻。召公周太保,李广汉将军。闻化蜀民皆草偃,争权晋土已三

分。巫峡夜深,猿啸苦哀巴地月;衡峰秋早,雁飞高贴楚天云。

欹对正,见对闻,偃武对修文。羊车对鹤驾,朝旭对晚曛。花有艳,竹成文,马燧对羊欣。山中梁宰相,树下汉将军。施帐解围嘉道韫,当垆沽酒叹文君。好景有期,北岭几枝梅似雪;丰年先兆,西郊千顷稼如云。

尧对舜,夏对殷,蔡惠对刘贲。山明对水秀,五典对三坟。唐李杜,晋机云,事父对忠君。雨晴鸠唤妇,霜冷雁呼群。酒量洪深周仆射,诗才俊逸鲍参军。鸟翼长随,凤兮㘞众禽长;狐威不

假,虎也真百兽尊。

十三元

幽对显,寂对喧,柳岸对桃源。莺朋对燕友,早暮对寒暄。鱼跃沼,鹤乘轩,醉胆对吟魂。轻尘生范甑,积雪拥袁门。缕缕轻烟芳草渡,丝丝微雨杏花村。诣阙王通,献太平十二策;出关老子,著道德五千言。

儿对女,子对孙,药圃对花村。高楼对邃阁,赤豹对玄猿。妃子骑,夫人轩,旷野对平原。瓠巴能鼓瑟,伯氏善吹埙。馥馥早梅思驿使,萋萋芳草怨王

孙。秋夕月明，苏子黄冈游赤壁；春朝花发，石家金谷启芳园。

歌对舞，德对恩，犬马对鸡豚。龙池对凤沼，雨骤对云屯。刘向阁，李膺门，唳鹤对啼猿。柳摇春白昼，梅弄月黄昏。岁冷松筠皆有节，春喧桃李本无言。噪晚齐蝉，岁岁秋来泣恨；啼宵蜀鸟，年年春去伤魂。

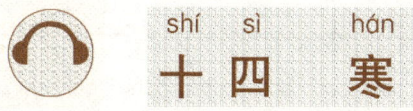
十四寒

多对少，易对难，虎踞对龙蟠。龙舟对凤辇，白鹤对青鸾。风淅淅，露漙漙，绣毂对雕鞍。鱼游荷叶沼，鹭立蓼

花滩。有酒阮貂奚用解,无鱼冯铗必须弹。丁固梦松,柯叶忽然生腹上;文郎画竹,枝梢倏尔长毫端。

寒对暑,湿对干,鲁隐对齐桓。寒毡对暖席,夜饮对晨餐。叔子带,仲由冠,郏鄏对邯郸。嘉禾忧夏旱,衰柳耐秋寒。杨柳绿遮元亮宅,杏花红映仲尼坛。江水流长,环绕似青罗带;海蟾轮满,澄明如白玉盘。

横对竖,窄对宽,黑志对弹丸。珠帘对画栋,彩槛对雕栏。春既老,夜将阑,百辟对千官。怀仁称足足,抱义美般般。好马君王曾市骨,食猪处士仅思肝。世仰双仙,元礼舟中携郭泰;人称连璧,夏侯车上并潘安。

十五 删

兴对废,附对攀,露草对霜菅。歌廉对借寇,习孔对希颜。山磊磊,水潺潺,奉璧对探镮。礼由公旦作,诗本仲尼删。驴困客方经灞水,鸡鸣人已出函关。几夜霜飞,已有苍鸿辞北塞;数朝雾暗,岂无玄豹隐南山。

犹对尚,侈对悭,雾鬓对烟鬟。莺啼对雀噪,独鹤对双鹇。黄牛峡,金马山,结草对衔环。昆山惟玉集,合浦有

珠还。阮籍旧能为眼白,老莱新爱着衣斑。栖迟避世人,草衣木食;窈窕倾城女,云鬓花颜。

姚对宋,柳对颜,赏善对惩奸。愁中对梦里,巧慧对痴顽。孔北海,谢东山,使越对征蛮。淫声闻濮上,离曲听阳关。骁将袍披仁贵白,小儿衣着老莱斑。茅舍无人,难却尘埃生榻上;竹亭有客,尚留风月在窗间。

卷下

一 先

晴对雨,地对天,天地对山川。山川对草木,赤壁对青田。郏鄏鼎,武城弦,木笔对苔钱。金城三月柳,玉井九秋莲。何处春朝风景好,谁家秋夜月华圆。珠缀花梢,千点蔷薇香露;练横树杪,几丝杨柳轻烟。

前对后,后对先,众丑对孤妍。莺簧对蝶板,虎穴对龙渊。击石磬,观韦编,鼠目对鸢肩。春园花柳地,秋沼芰荷天。白羽频挥闲客坐,乌纱半坠醉翁眠。野店几家,羊角风摇沽酒旆;长川一带,鸭头波泛卖鱼船。

离对坎,震对乾,一日对千年。尧天对舜日,蜀水对秦川。苏武节,郑虔毡,涧壑对林泉。挥戈能退日,持管莫窥天。寒食芳辰花烂漫,中秋佳节月婵娟。梦里荣华,飘忽枕中之客;壶中日月,安闲市上之仙。

二 萧

恭对慢,吝对骄,水远对山遥。松轩对竹槛,雪赋对风谣。乘五马,贯双

雕，烛灭对香消。明蟾常彻夜，骤雨不终朝。楼阁天凉风飒飒，关河地隔雨潇潇。几点鹭鸶，日暮常飞红蓼岸；一双鸂鶒，春朝频泛绿杨桥。

开对落，暗对昭，赵瑟对虞韶。轺车对驿骑，锦绣对琼瑶。羞攘臂，懒折腰，范甑对颜瓢。寒天鸳帐酒，夜月凤台箫。舞女腰肢杨柳软，佳人颜貌海棠娇。豪客寻春，南陌草青香阵阵；闲人避暑，东堂蕉绿影摇摇。

班对马，董对晁，夏昼对春宵。雷声对电影，麦穗对禾苗。八千路，廿四桥，总角对垂髫。露桃匀嫩脸，风柳舞

纤腰。贾谊赋成伤鵩鸟，周公诗就托鸱鸮。幽寺寻僧，逸兴岂知俄尔尽；长亭送客，离魂不觉黯然消。

三 肴

风对雅，象对爻，巨蟒对长蛟。天文对地理，蟋蟀对螵蛸。龙夭矫，虎咆哮，北学对东胶。筑台须垒土，成屋必诛茅。潘岳不忘秋兴赋，边韶常被昼眠嘲。抚养群黎，已见国家隆治；滋生万物，方知天地泰交。

蛇对虺，蜃对蛟，麟薮对雀巢。风声对月色，麦穗对桑苞。何妥难，子云

嘲，楚甸对商郊。五音惟耳听，万虑在心包。葛被汤征因仇饷，楚遭齐伐责包茅。高矣若天，洵是圣人大道；淡而如水，实为君子神交。

牛对马，犬对猫，旨酒对嘉肴。桃红对柳绿，竹叶对松梢。藜杖叟，布衣樵，北野对东郊。白驹形皎皎，黄鸟语交交。花圃春残无客到，柴门夜永有僧敲。墙畔佳人，飘扬竞把秋千舞；楼前公子，笑语争将蹴鞠抛。

四豪

琴对瑟，剑对刀，地迥对天高。峨

冠对博带,紫绶对绯袍。煎异茗,酌香醪,虎兕对猿猱。武夫攻骑射,野妇务蚕缫。秋雨一川淇澳竹,春风两岸武陵桃。螺髻青浓,楼外晚山千仞;鸭头绿腻,溪中春水半篙。

刑对赏,贬对褒,破斧对征袍。梧桐对橘柚,枳棘对蓬蒿。雷焕剑,吕虔刀,橄榄对葡萄。一椽书舍小,百尺酒楼高。李白能诗时秉笔,刘伶爱酒每餔糟。礼别尊卑,拱北众星常灿灿;势分高下,朝东万水自滔滔。

瓜对果,李对桃,犬子对羊羔。春分对夏至,谷水对山涛。双凤翼,九牛毛,主逸对臣劳。水流无限阔,山耸有余高。雨打村童新牧笠,尘生边将旧征袍。俊士居官,荣列鹓鸿之序;忠臣报国,誓殚犬马之劳。

五歌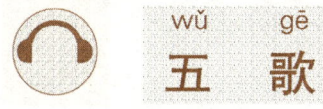

山对水,海对河,雪竹对烟萝。新欢对旧恨,痛饮对高歌。琴再抚,剑重磨,媚柳对枯荷。荷盘从雨洗,柳线任风搓。饮酒岂知欹醉帽,观棋不觉烂樵柯。山寺清幽,直踞千寻云岭;江楼宏敞,遥临万顷烟波。

繁对简,少对多,里咏对途歌。宦

情对旅况,银鹿对铜驼。刺史鸭,将军鹅,玉律对金科。古堤垂弹柳,曲沼长新荷。命驾吕因思叔夜,引车蔺为避廉颇。千尺水帘,今古无人能手卷;一轮月镜,乾坤何匠用功磨。

霜对露,浪对波,径菊对池荷。酒阑对歌罢,日暖对风和。梁父咏,楚狂歌,放鹤对观鹅。史才推永叔,刀笔仰萧何。种橘犹嫌千树少,寄梅谁信一枝多。林下风生,黄发村童推牧笠;江头日出,皓眉溪叟晒渔蓑。

六麻(liù má)

松对柏,缕对麻,蚁阵对蜂衙。赪鳞对白鹭,冻雀对昏鸦。白堕酒,碧沉茶,品笛对吹笳。秋凉梧堕叶,春暖杏开花。雨长苔痕侵壁砌,月移梅影上窗纱。飒飒秋风,度城头之筚篥;迟迟晚照,动江上之琵琶。

优对劣,凸对凹,翠竹对黄花。松杉对杞梓,菽麦对桑麻。山不断,水无涯,煮酒对烹茶。鱼游池面水,鹭立岸头沙。百亩风翻陶令秫,一畦雨熟邵平瓜。闲捧竹根,饮李白一壶之酒;偶擎桐叶,

啜卢仝七碗之茶。

吴对楚,蜀对巴,落日对流霞。酒钱对诗债,柏叶对松花。驰驿骑,泛仙槎,碧玉对丹砂。设桥偏送笋,开道竟还瓜。楚国大夫沉汨水,洛阳才子贬长沙。书箧琴囊,乃士流活计;药炉茶鼎,实闲客生涯。

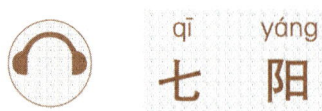

七 阳

高对下,短对长,柳影对花香。词人对赋客,五帝对三王。深院落,小池塘,晚眺对晨妆。绛霄唐帝殿,绿野晋公堂。寒集谢庄衣上雪,秋添潘岳鬓边霜。人浴兰汤，事不忘于端午；客斟菊酒，兴常寄于重阳。

尧对舜，禹对汤，晋宋对隋唐。奇花对异卉，夏日对秋霜。八叉手，九回肠，地久对天长。一堤杨柳绿，三径菊花黄。闻鼓塞兵方战斗，听钟宫女正梳妆。春饮方归，纱帽半掩邻舍酒；早朝初退，衮衣微惹御炉香。

荀对孟，老对庄，弹柳对垂杨。仙宫对梵宇，小阁对长廊。风月窟，水云乡，蟋蟀对螳螂。暖烟香霭霭，寒烛影煌煌。伍子欲酬渔父剑，韩生尝窃贾公香。三月韶光，常忆花明柳媚；一年

好景,难忘橘绿橙黄。

八 庚

深对浅,重对轻,有影对无声。蜂腰对蝶翅,宿醉对余酲。天北缺,日东生,独卧对同行。寒冰三尺厚,秋月十分明。万卷书容闲客览,一樽酒待故人倾。心侈唐玄,厌看霓裳之曲;意骄陈主,饱闻玉树之赓。

虚对实,送对迎,后甲对先庚。鼓琴对舍瑟,搏虎对骑鲸。金匼匝,玉㻞珵,玉宇对金茎。花间双粉蝶,柳内几黄莺。贫里每甘藜藿味,醉中厌听管弦声。肠断秋闺,凉吹已侵重被冷;梦惊晓枕,残蟾犹照半窗明。

渔对猎,钓对耕,玉振对金声。雉城对雁塞,柳袅对葵倾。吹玉笛,弄银笙,阮杖对桓筝。墨呼松处士,纸号楮先生。露浥好花潘岳县,风搓细柳亚夫营。抚动琴弦,遽觉座中风雨至;哦成诗句,应知窗外鬼神惊。

九 青

红对紫,白对青,渔火对禅灯。唐诗对汉史,释典对仙经。龟曳尾,鹤梳翎,月榭对风亭。一轮秋夜月,几点晓

天星。晋士只知山简醉，楚人谁识屈原醒。绣倦佳人，慵把鸳鸯文作枕；吮毫画者，思将孔雀写为屏。

行对坐，醉对醒，佩紫对纡青。棋枰对笔架，雨雪对雷霆。狂蛱蝶，小蜻蜓，水岸对沙汀。天台孙绰赋，剑阁孟阳铭。传信子卿千里雁，照书车胤一囊萤。冉冉白云，夜半高遮千里月；澄澄碧水，宵中寒映一天星。

书对史，传对经，鹦鹉对鹡鸰。黄茅对白荻，绿草对青萍。风绕铎，雨淋铃，水阁对山亭。渚莲千朵白，岸柳两行青。汉代宫中生秀柞，尧时阶畔长

祥蓂。一枰决胜,棋子分黑白;半幅通灵,画色间丹青。

十 蒸

新对旧,降对升,白犬对苍鹰。葛巾对藜杖,涧水对池冰。张兔网,挂鱼罾,燕雀对鲲鹏。炉中煎药火,窗下读书灯。织锦逐梭成舞凤,画屏误笔作飞蝇。宴客刘公,座上满斟三雅爵;迎仙汉帝,宫中高插九光灯。

儒对士,佛对僧,面友对心朋。春残对夏老,夜寝对晨兴。千里马,九霄鹏,霞蔚对云蒸。寒堆阴岭雪,春泮水池冰。亚父愤生撞玉斗,周公誓死作金縢。将军元晖,莫怪人讥为饿虎;侍中卢昶,难逃世号作饥鹰。

规对矩,墨对绳,独步对同登。吟哦对讽咏,访友对寻僧。风绕屋,水襄陵,紫鹄对苍鹰。鸟寒惊夜月,鱼暖上春冰。扬子口中飞白凤,何郎鼻上集青蝇。巨鲤跃池,翻几重之密藻;颠猿饮涧,挂百尺之垂藤。

十一 尤

荣对辱,喜对忧,夜宴对春游。燕关对楚水,蜀犬对吴牛。茶敌睡,酒消愁，青眼对白头。马迁修史记，孔子作春秋。适兴子猷常泛棹，思归王粲强登楼。窗下佳人，妆罢重将金插鬓；筵前舞妓，曲终还要锦缠头。

唇对齿，角对头，策马对骑牛。毫尖对笔底，绮阁对雕楼。杨柳岸，荻芦洲，语燕对啼鸠。客乘金络马，人泛木兰舟。绿野耕夫春举耜，碧池渔父晚垂钩。波浪千层，喜见蛟龙得水；云霄万里，惊看雕鹗横秋。

庵对寺，殿对楼，酒艇对渔舟。金龙对彩凤，獖豕对童牛。王郎帽，苏子裘，四季对三秋。峰峦扶地秀，江汉接

天流。一湾绿水渔村小，万里青山佛寺幽。龙马呈河，羲皇阐微而画卦；神龟出洛，禹王取法以陈畴。

十二 侵

眉对目，口对心，锦瑟对瑶琴。晓耕对寒钓，晚笛对秋砧。松郁郁，竹森森，闵损对曾参。秦王亲击缶，虞帝自挥琴。三献卞和尝泣玉，四知杨震固辞金。寂寂秋朝，庭叶因霜摧嫩色；沉沉春夜，砌花随月转清阴。

前对后，古对今，野兽对山禽。犍牛对牝马，水浅对山深。曾点瑟，戴逵琴,璞玉对浑金。艳红花弄色,浓绿柳敷阴。不雨汤王方剪爪,有风楚子正披襟。书生惜壮岁,韶华寸阴尺璧;游子爱良宵,光景一刻千金。

丝对竹,剑对琴,素志对丹心。千愁对一醉,虎啸对龙吟。子罕玉,不疑金,往古对来今。天寒邹吹律,岁旱傅为霖。渠说子规为帝魄,侬知孔雀是家禽。屈子沉江,处处舟中争系粽;牛郎渡渚,家家台上竞穿针。

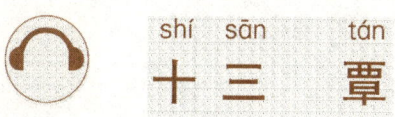
十三 覃

千对百,两对三,地北对天南。佛

堂对仙洞,道院对禅庵。山泼黛,水浮蓝,雪岭对云潭。凤飞方翙翙,虎视已眈眈。窗下书生时讽咏,筵前酒客日耽酣。白草满郊,秋日牧征人之马;绿桑盈亩,春时供农妇之蚕。

将对欲,可对堪,德被对恩覃。权衡对尺度,雪寺对云庵。安邑枣,洞庭柑,不愧对无惭。魏徵能直谏,王衍善清谈。紫梨摘去从山北,丹荔传来自海南。攘鸡非君子所为,但当月一;养狙是山公之智,止用朝三。

中对外,北对南,贝母对宜男。移山对浚井,谏苦对言甘。千取百,二为三,魏尚对周堪。海门翻夕浪,山市拥晴岚。新缔直投公子纻,旧交犹脱馆人骖。文达淹通,已叹冰兮寒过水;永和博雅,可知青者胜于蓝。

十四 盐

悲对乐,爱对嫌,玉兔对银蟾。醉侯对诗史,眼底对眉尖。风飘飘,雨绵绵,李苦对瓜甜。画堂施锦帐,酒市舞青帘。横槊赋诗传孟德,引壶酌酒尚陶潜。两曜迭明,日东生而月西出;五行式序,水下润而火上炎。

如对似,减对添,绣幕对珠帘。探珠

对献玉,鹭立对鱼潜。玉屑饭,水晶盐,手剑对腰镰。燕巢依邃阁,蛛网挂虚檐。夺槊至三唐敬德,弈棋第一晋王恬。南浦客归,湛湛春波千顷净;西楼人悄,弯弯夜月一钩纤。

逢对遇,仰对瞻,市井对间阎。投簪对结绶,握发对掀髯。张绣幕,卷珠帘,石碏对江淹。宵征方肃肃,夜饮已厌厌。心褊小人长戚戚,礼多君子屡谦谦。美刺殊文,备三百五篇诗咏;吉凶异画,变六十四卦爻占。

十五 咸

清对浊,苦对咸,一启对三缄。烟蓑对雨笠,月榜对风帆。莺睍睆,燕呢喃,柳杞对松杉。情深悲素扇,泪痛湿青衫。汉室既能分四姓,周朝何用叛三监。破的而探牛心,豪矜王济;竖竿以挂犊鼻,贫笑阮咸。

能对否,圣对贤,卫瓘对浑瑊。雀罗对鱼网,翠巘对苍崖。红罗帐,白布衫,笔格对书函。蕊香蜂竞采,泥软燕争衔。凶孽誓清闻祖逖,王家能义有巫咸。溪叟新居,渔舍清幽临水岸;山僧

久隐，梵宫寂寞倚云岩。

冠对带，帽对衫，议鲠对言谗。行舟对御马，俗弊对民岩。鼠且硕，兔多毚，史册对书缄。塞城闻奏角，江浦认归帆。河水一源形弥弥，泰山万仞势岩岩。郑为武公，赋缁衣而美德；周因巷伯，歌贝锦以伤谗。

笠翁对韵

卷上

一 东

天对地,雨对风,大陆对长空。山花对海树,赤日对苍穹。雷隐隐,雾蒙蒙,日下对天中。风高秋月白,雨霁晚霞红。牛女二星河左右,参商两曜斗西东。十月塞边,飒飒寒霜惊戍旅;三冬江上,漫漫朔雪冷渔翁。

河对汉,绿对红,雨伯对雷公。烟

楼对雪洞,月殿对天宫。云叆叇,日曈曚,蜡屐对渔篷。过天星似箭,吐魄月如弓。驿旅客逢梅子雨,池亭人挹藕花风。茅店村前,皓月坠林鸡唱韵;板桥路上,青霜锁道马行踪。

山对海,华对嵩,四岳对三公。宫花对禁柳,塞雁对江龙。清暑殿,广寒宫,拾翠对题红。庄周梦化蝶,吕望兆飞熊。北牖当风停夏扇,南帘曝日省冬烘。鹤舞楼头,玉笛弄残仙子月;凤翔台上,紫箫吹断美人风。

二冬

晨对午，夏对冬，下晌对高舂。青春对白昼，古柏对苍松。垂钓客，荷锄翁，仙鹤对神龙。凤冠珠闪烁，螭带玉玲珑。三元及第才千顷，一品当朝禄万钟。花萼楼间，仙李盘根调国脉；沉香亭畔，娇杨擅宠起边风。

清对淡，薄对浓，暮鼓对晨钟。山茶对石菊，烟锁对云封。金菡萏，玉芙蓉，绿绮对青锋。早汤先宿酒，晚食继朝饔。唐库金钱能化蝶，延津宝剑会成龙。巫峡浪传，云雨荒唐神女庙；岱宗

遥望，儿孙罗列丈人峰。繁对简，叠对重，意懒对心慵。仙翁对释伴，道范对儒宗。花灼灼，草茸茸，浪蝶对狂蜂。数竿君子竹，五树大夫松。高皇灭项凭三杰，虞帝承尧殛四凶。内苑佳人，满地风光愁不尽；边关过客，连天烟草憾无穷。

三 江

奇对偶，只对双，大海对长江。金盘对玉盏，宝烛对银釭。朱漆槛，碧纱窗，舞调对歌腔。兴汉推马武，谏夏著龙逄。四收列国群王伏，三筑高城众

敌降。跨凤登台,潇洒仙姬秦弄玉;斩蛇当道,英雄天子汉刘邦。

颜对貌,像对庞,步辇对徒杠。停针对搁筑,意懒对心降。灯闪闪,月幢幢,揽辔对飞舡。柳堤驰骏马,花院吠村尨。酒量微酣琼杏颊,香尘没印玉莲躞。诗写丹枫,韩女幽怀流御水;泪弹斑竹,舜妃遗憾积湘江。

四支

泉对石,干对枝,吹竹对弹丝。山亭对水榭,鹦鹉对鹭鹚。五色笔,十香

词，泼墨对传卮。神奇韩幹画，雄浑李陵诗。几处花街新夺锦，有人香径淡凝脂。万里烽烟，战士边头争保塞；一犁膏雨，农夫村外尽乘时。

菹对醢，赋对诗，点漆对描脂。璠簪对珠履，剑客对琴师。沽酒价，买山资，国色对仙姿。晚霞明似锦，春雨细如丝。柳绊长堤千万树，花横野寺两三枝。紫盖黄旗，天象预占江左地；青袍白马，童谣终应寿阳儿。

箴对赞，缶对卮，萤炤对蚕丝。轻裾对长袖，瑞草对灵芝。流涕策，断肠诗，喉舌对腰肢。云中熊虎将，天上凤

凰儿。禹庙千年垂橘柚,尧阶三尺覆茅茨。湘竹含烟,腰下轻纱笼玳瑁;海棠经雨,脸边清泪湿胭脂。

争对让,望对思,野葛对山栀。仙风对道骨,天造对人为。专诸剑,博浪椎,经纬对干支。位尊民物主,德重帝王师。望切不妨人去远,心忙无奈马行迟。金屋闭来,赋乞茂林题柱笔;玉楼成后,记须昌谷负囊词。

五 微

贤对圣,是对非,觉奥对参微。鱼书对雁字,草舍对柴扉。鸡晓唱,雉朝

飞,红瘦对绿肥。举杯邀月饮,骑马踏花归。黄盖能成赤壁捷,陈平善解白登危。太白书堂,瀑泉垂地三千尺;孔明祠庙,老柏参天四十围。

戈对甲,幄对帏,荡荡对巍巍。严滩对邵圃,靖菊对夷薇。占鸿渐,采凤飞,虎榜对龙旂。心中罗锦绣,口内吐珠玑。宽宏豁达高皇量,叱咤喑哑霸王威。灭项兴刘,狡兔尽时走狗死;连吴拒魏,貔貅屯处卧龙归。

衰对盛,密对稀,祭服对朝衣。鸡窗对雁塔,秋榜对春闱。乌衣巷,燕子矶,久别对初归。天姿真窈窕,圣德实

光辉。蟠桃紫阙来金母,岭荔红尘进玉妃。霸王军营,亚父丹心撞玉斗;长安酒市,谪仙狂兴换银龟。

六鱼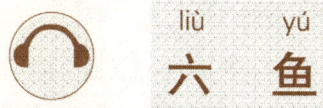

羹对饭,柳对榆,短袖对长裾。鸡冠对凤尾,芍药对芙蕖。周有若,汉相如,玉屋对匡庐。月明山寺远,风细水亭虚。壮士腰间三尺剑,男儿腹内五车书。疏影暗香,和靖孤山梅蕊放;轻阴清昼,渊明旧宅柳条舒。

吾对汝,尔对余,选授对升除。书箱对药柜,耒耜对耰锄。参虽鲁,回不

愚，阀阅对阎闾。诸侯千乘国,命妇七香车。穿云采药闻仙人,踏雪寻梅策蹇驴。玉兔金乌,二气精灵为日月;洛龟河马,五行生克在图书。

欹对正,密对疏,囊橐对苞苴。罗浮对壶峤,水曲对山纡。骖鹤驾,待鸾舆,桀溺对长沮。搏虎卞庄子,当熊冯婕妤。南阳高士吟梁父,西蜀才人赋子虚。三径风光,白石黄花供杖履;五湖烟景,青山绿水在樵渔。

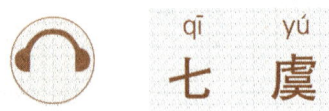

七　虞

红对白,有对无,布谷对提壶。毛

锥对羽扇,天阙对皇都。谢蝴蝶,郑鹧鸪,蹈海对归湖。花肥春雨润,竹瘦晚风疏。麦饭豆糜终创汉,莼羹鲈脍竟归吴。琴调轻弹,杨柳月中潜去听;酒旗斜挂,杏花村里共来沽。

罗对绮,茗对蔬,柏秀对松枯。中元对上巳,返璧对还珠。云梦泽,洞庭湖,玉烛对冰壶。苍头犀角带,绿鬓象牙梳。松阴白鹤声相应,镜里青鸾影不孤。竹户半开,对牖不知人在否;柴门深闭,停车还有客来无。

宾对主,婢对奴,宝鸭对金凫。升堂对入室,鼓瑟对投壶。觇合璧,颂联

珠，提瓮对当垆。仰高红日尽，望远白云孤。歆向秘书窥二酉，机云芳誉动三吴。祖饯三杯，老去常斟花下酒；荒田五亩，归来独荷月中锄。

君对父，魏对吴，北岳对西湖。菜蔬对茶荈，苣藤对菖蒲。梅花数，竹叶符，廷议对山呼。两都班固赋，八阵孔明图。田庆紫荆堂下茂，王裒青柏墓前枯。出塞中郎，羝有乳时归汉室；质秦太子，马生角日返燕都。

八齐

鸾对凤，犬对鸡，塞北对关西。长

生对益智,老幼对旄倪。颁竹策,剪桐圭,剥枣对蒸梨。绵腰如弱柳,嫩手似柔荑。狡兔能穿三穴隐,鹪鹩权借一枝栖。甪里先生,策杖垂绅扶少主;於陵仲子,辟纑织履赖贤妻。

鸣对吠,泛对栖,燕语对莺啼。珊瑚对玛瑙,琥珀对玻璃。绛县老,伯州犁,测蠡对然犀。榆槐堪作荫,桃李自成蹊。投巫救女西门豹,赁浣逢妻百里奚。阙里门墙,陋巷规模原不陋;隋堤基址,迷楼踪迹亦全迷。

越对赵,楚对齐,柳岸对桃溪。纱窗对绣户,画阁对香闺。修月斧,上天

梯,蝃蛛对虹霓。行乐游春圃,工谀病夏畦。李广不封空射虎,魏明得立为存麑。按辔徐行,细柳功成劳王敬;闻声稍卧,临泾名震止儿啼。

九 佳

门对户,陌对街,枝叶对根荄。斗鸡对挥麈,凤髻对鸾钗。登楚岫,渡秦淮,子犯对夫差。石鼎龙头缩,银筝雁翅排。百年诗礼延余庆,万里风云入壮怀。能辨名伦,死矣野哉悲季路;不由径窦,生乎愚也有高柴。

冠对履,袜对鞋,海角对天涯。鸡

人对虎旅,六市对三街。陈俎豆,戏堆埋,皎皎对皑皑。贤相聚东阁,良朋集小斋。梦里山川书越绝,枕边风月记齐谐。三径萧疏,彭泽高风怡五柳;六朝华贵,琅玡佳气种三槐。

勤对俭,巧对乖,水榭对山斋。冰桃对雪藕,漏箭对更牌。寒翠袖,贵金钗,慷慨对诙谐。竹径风声籁,花溪月影筛。携囊佳韵随时贮,荷锄沉酣到处埋。江海孤踪,雪浪风涛惊旅梦;乡关万里,烟峦云树切归怀。

杞对梓,桧对楷,水泊对山崖。舞裙对歌袖,玉陛对瑶阶。风入袂,月盈

怀,虎兕对狼豺。马融堂上帐,羊侃水中斋。北面黉宫宜拾芥,东巡岱畤定燔柴。锦缆春江,横笛洞箫通碧落;华灯夜月,遗簪堕翠遍香街。

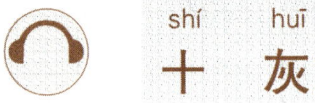

十　灰

春对夏,喜对哀,大手对长才。风清对月朗,地阔对天开。游阆苑,醉蓬莱,七政对三台。青龙壶老杖,白燕玉人钗。香风十里望仙阁,明月一天思子台。玉橘冰桃,王母几因求道降;莲舟藜杖,真人原为读书来。

朝对暮,去对来,庶矣对康哉。马

肝对鸡肋,杏眼对桃腮。佳兴适,好怀开,朔雪对春雷。云移鸲鹊观,日晒凤凰台。河边淑气迎芳草,林下轻风待落梅。柳媚花明,燕语莺声浑是笑;松号柏舞,猿啼鹤唳总成哀。

忠对信,博对赅,忖度对疑猜。香消对烛暗,鹊喜对蛩哀。金花报,玉镜台,倒斝对衔杯。岩巅横老树,石磴覆苍苔。雪满山中高士卧,月明林下美人来。绿柳沿堤,皆因苏子来时种;碧桃满观,尽是刘郎去后栽。

十一　真

莲对菊，凤对麟，浊富对清贫。渔庄对佛舍，松盖对花茵。萝月叟，葛天民，国宝对家珍。草迎金埒马，花醉玉楼人。巢燕三春尝唤友，塞鸿八月始来宾。古往今来，谁见泰山曾作砺；天长地久，人传沧海几扬尘。

兄对弟，吏对民，父子对君臣。勾丁对甫甲，赴卯对同寅。折桂客，簪花人，四皓对三仁。王乔云外舄，郭泰雨中巾。人交好友求三益，士有贤妻备五伦。文教南宣，武帝平蛮开百越；义旗西指，韩侯扶汉卷三秦。申对午，侃对訚，阿魏对茵陈。楚兰对湘芷，碧柳对青筠。花馥馥，草蓁蓁，粉颈对朱唇。曹公奸似鬼，尧帝智如神。南阮才郎差北富，东邻丑女效西颦。色艳北堂，草号忘忧忧甚事；香浓南国，花名含笑笑何人。

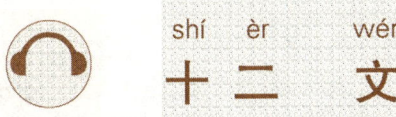 十二文

忧对喜，戚对欣，五典对三坟。佛经对仙语，夏耨对春耘。烹早韭，剪春芹，暮雨对朝云。竹间斜白接，花下醉红裙。掌握灵符五岳篆，腰悬宝剑七星

文。金锁未开,上相趋听更漏永;珠帘半卷,群僚仰对御炉薰。

词对赋,懒对勤,类聚对群分。鸾箫对凤笛,带草对香芸。燕许笔,韩柳文,旧话对新闻。赫赫周南仲,翩翩晋右军。六国说成苏子贵,两京收复郭公勋。汉阙陈书,侃侃忠言推贾谊;唐廷对策,岩岩直谏有刘蕡。

言对笑,绩对勋,鹿豕对羊羵。星冠对月扇,把袂对书裙。汤事葛,说兴殷,萝月对松云。西池青鸟使,北塞黑鸦军。文武成康为一代,魏吴蜀汉定三分。桂苑秋宵,明月三杯邀曲客;松亭

夏日，薰风一曲奏桐君。

十三元

卑对长，季对昆，永巷对长门。山亭对水阁，旅舍对军屯。杨子渡，谢公墩，德重对年尊。承乾对出震，叠坎对重坤。志士报君思犬马，仁王养老察鸡豚。远水平沙，有客泛舟桃叶渡；斜风细雨，何人携榼杏花村。

君对相，祖对孙，夕照对朝暾。兰台对桂殿，海岛对山村。碑堕泪，赋招魂，报怨对怀恩。陵埋金吐气，田种玉生根。相府珠帘垂白昼，边城画角动

黄昏。枫叶半山,秋去烟霞堪倚杖;梨花满地,夜来风雨不开门。

十四寒

家对国,治对安,地主对天官。坎男对离女,周诰对殷盘。三三暖,九九寒,杜撰对包弹。古壁蛩声匝,闲亭鹤影单。燕出帘边春寂寂,莺闻枕上漏珊珊。池柳烟飘,日夕郎归青锁闼;砌花雨过,月明人倚玉栏杆。

肥对瘦,窄对宽,黄犬对青鸾。指环对腰带,洗钵对投竿。诛佞剑,进贤冠,画栋对雕栏。双垂白玉箸,九转紫

金丹。陕右棠高怀召伯,河南花满忆潘安。陌上芳春,弱柳当风披彩线;池中清晓,碧荷承露捧珠盘。

行对卧,听对看,鹿洞对鱼滩。蛟腾对豹变,虎踞对龙蟠。风凛凛,雪漫漫,手辣对心酸。莺莺对燕燕,小小对端端。蓝水远从千涧落,玉山高并两峰寒。至圣不凡,嬉戏六龄陈俎豆;老莱大孝,承欢七衮舞斑斓。

十五 删

林对坞,岭对峦,昼永对春闲。谋深对望重,任大对途艰。裙裛裛,佩珊

珊，守塞对当关。密云千里合，新月一钩弯。叔宝君臣皆纵逸，重华父母是嚣顽。名动帝畿，西蜀三苏来日下；壮游京洛，东吴二陆起云间。

临对仿，咨对悭，讨逆对平蛮。忠肝对义胆，雾鬓对云鬟。埋笔冢，烂柯山，月貌对天颜。龙潜终得跃，鸟倦亦知还。陇树飞来鹦鹉绿，池筠密处鹧鸪斑。秋露横江，苏子月明游赤壁；冻云迷岭，韩公雪拥过蓝关。

卷下

一 先

寒对暑，日对年，蹴鞠对秋千。丹山对碧水，淡雨对覃烟。歌宛转，貌婵娟，雪鼓对云笺。荒芦栖南雁，疏柳噪秋蝉。洗耳尚逢高士笑，折腰肯受小儿怜。郭泰泛舟，折角半垂梅子雨；山涛骑马，接䍦倒著杏花天。

轻对重，脆对坚，碧玉对青钱。郊寒对岛瘦，酒圣对诗仙。依玉树，步金莲，凿井对耕田。杜甫春宵立，边韶白昼眠。豪饮客吞波底月,酣游人醉水中天。斗草青郊,几行宝马嘶金勒;看花紫陌,千里香车拥翠钿。

吟对咏,授对传,乐矣对凄然。风鹏对雪雁,董杏对周莲。春九十,岁三千,钟鼓对管弦。入山逢宰相,无事即神仙。霞映武陵桃淡淡,烟荒隋堤柳绵绵。七碗月团,啜罢清风生腋下;三杯云液,饮余红雨晕腮边。

中对外,后对先,树下对花前。玉柱对金屋,叠嶂对平川。孙子策,祖生鞭,盛席对华筵。解醉知茶力,消愁识酒权。丝剪芰荷开冻沼,锦妆凫雁泛温

泉。帝女衔石,海中遗魄为精卫;蜀王叫月,枝上游魂化杜鹃。

二 萧

琴对管,斧对瓢,水怪对花妖。秋声对春色,白缣对红绡。臣五代,事三朝,斗柄对弓腰。醉客歌金缕,佳人品玉箫。风定落花闲不扫,霜余残叶湿难烧。千载兴周,尚父一竿投渭水;百年霸越,钱王万弩射江潮。

荣对悴,夕对朝,露地对云霄。商彝对周鼎,殷濩对虞韶。樊素口,小蛮腰,六诏对三苗。朝天车奕奕,出塞马

萧萧。公子幽兰重泛舸,王孙芳草正联镳。潘岳高怀,曾向秋天吟蟋蟀;王维清兴,尝于雪夜画芭蕉。

耕对读,牧对樵,琥珀对琼瑶。兔毫对鸿爪,桂楫对兰桡。鱼潜藻,鹿藏蕉,水远对山遥。湘灵能鼓瑟,嬴女解吹箫。雪点寒梅横小院,风吹弱柳覆平桥。月牖通宵,绛蜡罢时光不减;风帘当昼,雕盘停后篆难消。

三 肴

诗对礼,卦对爻,燕引对莺调。晨钟对暮鼓,野馔对山肴。雉方乳,鹊始巢，猛虎对神獒。疏星浮荇叶，皓月上松梢。为邦自古推瑚琏，从政于今愧斗筲。管鲍相知，能交忘形胶漆友；蔺廉有隙，终对刎颈生死交。

歌对舞，笑对嘲，耳语对神交。焉鸟对亥豕，獭髓对鸾胶。宜久敬，莫轻抛，一气对同胞。祭遵甘布被，张禄念绨袍。花径风来逢客访，柴扉月到有僧敲。夜雨园中，一颗不雕王子柰；秋风江上，三重曾卷杜公茅。

衙对舍，廪对庖，玉磬对金铙。竹林对梅岭，起凤对腾蛟。鲛绡帐，兽锦袍，露果对风梢。扬州输橘柚，荆土贡

菁茅。断蛇埋地称孙叔,渡蚁作桥识宋郊。好梦难成,蛩响阶前偏唧唧;良朋远到,鸡声窗外正嘐嘐。

四 豪

茭对茨,荻对蒿,山麓对江皋。莺簧对蝶板,麦浪对松涛。骐骥足,凤凰毛,美誉对嘉褒。文人窥蠹简,学士书兔毫。马援南征载薏苡,张骞西使进葡萄。辩口悬河,万语千言常亹亹;词源倒峡,连篇累牍自滔滔。

梅对杏,李对桃,械朴对旌旄。酒仙对诗史,德泽对恩膏。悬一榻,梦三刀，拙逸对贵劳。玉堂花烛绕，金殿月轮高。孤山看鹤盘云下，蜀道闻猿向月号。万事从人，有花有酒应自乐；百年皆客，一邱一壑尽吾豪。

台对省，署对曹，分袂对同袍。鸣琴对击剑，返辙对回艚。良借箸，操捉刀，香茗对醇醪。滴泉归海大，篑土积山高。石室客来煎雀舌，画堂宾至饮羊羔。被谪贾生，湘水凄凉吟鵩鸟；遭谗屈子，江潭憔悴著离骚。

五歌

微对巨，少对多，直干对平柯。蜂

媒对蝶使，雨笠对烟蓑。眉淡扫，面微酡，妙舞对清歌。轻衫裁夏葛，薄袂剪春罗。将相兼行唐李靖，霸王杂用汉萧何。月本阴精，岂有羿妻曾窃药；星为夜宿，浪传织女漫投梭。

慈对善，虐对苛，缥缈对婆娑。长杨对细柳，嫩蕊对寒莎。追风马，挽日戈，玉液对金波。紫诏衔丹凤，黄庭换白鹅。画阁江城梅作调，兰舟野渡竹为歌。门外雪飞，错认空中飘柳絮；岩边瀑响，误疑天半落银河。

松对竹，荇对荷，薜荔对藤萝。梯云对步月，樵唱对渔歌。升鼎雉，听经鹅,北海对东坡。吴郎哀废宅,邵子乐行窝。丽水良金皆待冶,昆山美玉总须磨。雨过皇州,琉璃色灿华清瓦;风来帝苑,荷芰香飘太液波。

笼对槛,巢对窝,及第对登科。冰清对玉润,地利对人和。韩擒虎,荣驾鹅,青女对素娥。破头朱泚笏,折齿谢鲲梭。留客酒杯应恨少,动人诗句不须多。绿野凝烟,但听村前双牧笛;沧江积雪,惟看滩上一渔蓑。

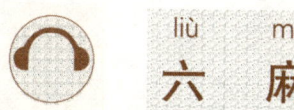

六麻

清对浊,美对嘉,鄙吝对矜夸。花

须对柳眼,屋角对檐牙。志和宅,博望槎,秋实对春华。乾炉烹白雪,坤鼎炼丹砂。深宵望冷沙场月,边塞听残野戍笳。满院松风,钟声隐隐为僧舍;半窗花月,锡影依依是道家。

雷对电,雾对霞,蚁阵对蜂衙。寄梅对怀橘,酿酒对烹茶。宜男草,益母花,杨柳对蒹葭。班姬辞帝辇,蔡琰泣胡笳。舞榭歌楼千万尺,竹篱茅舍两三家。珊枕半床,月明时梦飞塞外;银筝一奏,花落处人在天涯。

圆对缺,正对斜,笑语对咨嗟。沈腰对潘鬓,孟笋对卢茶。百舌鸟,两头

蛇,帝里对仙家。尧仁敷率土,舜德被流沙。桥上授书曾纳履,壁间题句已笼纱。远塞迢迢,露碛风沙何可极;长沙渺渺,雪涛烟浪信无涯。

疏对密,朴对华,义鹘对慈鸦。鹤群对雁阵,白苎对黄麻。读三到,吟八叉,肃静对喧哗。围棋兼把钓,沉李并浮瓜。羽客片时能煮石,狐禅千劫似蒸沙。党尉粗豪,金帐笼香斟美酒;陶生清逸,银铛融雪啜团茶。

七阳

台对阁,沼对塘,朝雨对夕阳。游

人对隐士,谢女对秋娘。三寸舌,九回肠,玉液对琼浆。秦皇照胆镜,徐肇返魂香。青萍夜啸芙蓉匣,黄卷时摊薜荔床。元亨利贞,天地一机成化育;仁义礼智,圣贤千古立纲常。

红对白,绿对黄,昼永对更长。龙飞对凤舞,锦缆对牙樯。云弁使,雪衣娘,故国对他乡。雄文能徙鳄,艳曲为求凰。九日高峰惊落帽,暮春曲水喜流觞。僧占名山,云绕茂林藏古殿;客栖胜地,风飘落叶响空廊。

衰对壮,弱对强,艳饰对新妆。御龙对司马,破竹对穿杨。读班马,识求羊，水色对山光。仙棋藏绿橘，客枕梦黄粱。池草入诗因有梦，海棠带恨为无香。风起画堂，帘箔影翻青荇沼；月斜金井，辘轳声度碧梧墙。

臣对子，帝对王，日月对风霜。乌台对紫府，雪牖对云房。香山社，昼锦堂，蔀屋对岩廊。芬椒涂内壁，文杏饰高梁。贫女幸分东壁影，幽人高卧北窗凉。绣阁探春，丽日半笼青镜色；水亭醉夏，薰风常透碧筒香。

八 庚

形对貌，色对声，夏邑对周京。江

云对涧树，玉磬对银筝。人老老，我卿卿，晓燕对春莺。玄霜舂玉杵，白露贮金茎。贾客君山秋弄笛，仙人缑岭夜吹笙。帝业独兴，尽道汉高能用将；父书空读，谁言赵括善知兵。

功对业，性对情，月上对云行。乘龙对附骥，阆苑对蓬瀛。春秋笔，月旦评，东作对西成。隋珠光照乘，和璧价连城。三箭三人唐将勇，一琴一鹤赵公清。汉帝求贤，诏访严滩逢故旧；宋廷优老，年尊洛社重耆英。

昏对旦，晦对明，久雨对新晴。蓼湾对花港，竹友对梅兄。黄石叟，丹丘生,犬吠对鸡鸣。暮山云外断,新水月中平。半榻清风宜午梦,一犁好雨趁春耕。王旦登庸,误我十年迟作相;刘蒉不第,愧他多士早成名。

九 青

庚对甲,己对丁,魏阙对彤庭。梅妻对鹤子,珠箔对银屏。鸳浴沼,鹭飞汀,鸿雁对鹡鸰。人间寿者相,天上老人星。八月好修攀桂斧,三春须系护花铃。江阁凭临,一水净连天际碧;石栏闲倚,群山秀向雨余青。

危对乱,泰对宁,纳陛对趋庭。金

盘对玉箸,泛梗对浮萍。群玉圃,众芳亭,旧典对新型。骑牛闲读史,牧豕自横经。秋首田中禾颖重,春余园内菜花馨。旅次凄凉,塞月江风皆惨淡;筵前欢笑,燕歌赵舞独娉婷。

十 蒸

苹对蓼,茆对菱,雁弋对鱼罾。齐纨对鲁绮,蜀锦对吴绫。星渐没,日初升,九聘对三征。萧何曾作吏,贾岛昔为僧。贤人视履循规矩,大匠挥斤校准绳。野渡春风,人喜乘潮移酒舫;江天暮雨,客愁隔岸对渔灯。

谈对吐，谓对称，冉闵对颜曾。侯嬴对伯嚭，祖逖对孙登。抛白纻，宴红绫，胜友对良朋。争名如逐鹿，谋利似趋蝇。仁杰姨惭周不仕，王陵母识汉方兴。句写穷愁，浣花寄迹传工部；诗吟变乱，凝碧伤心叹右丞。

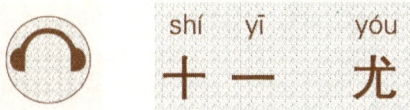

十一 尤

荣对辱，喜对忧，缱绻对绸缪。吴娃对越女，野马对沙鸥。茶解渴，酒消愁，白眼对苍头。马迁修史记，孔子作春秋。莘野耕夫闲举耜，渭滨渔父晚垂钩。龙马游河，羲帝因图而画卦；神龟

出洛,禹王取法以明畴。

冠对履,舄对裘,院小对庭幽。面墙对膝地,错智对良筹。孤嶂耸,大江流,芳泽对园丘。花潭来越唱,柳屿起吴讴。莺懒燕忙三月雨,蛩摧蝉退一天秋。钟子听琴,荒径入林山寂寂;谪仙捉月,洪涛接岸水悠悠。

鱼对鸟,鹡对鸠,翠馆对红楼。七贤对三友,爱日对悲秋。虎类狗,蚁如牛,列辟对诸侯。陈唱临春乐,隋歌清夜游。空中事业麒麟阁,地下文章鹦鹉洲。旷野平原,猎士马蹄轻似箭;斜风细雨,牧童牛背稳如舟。

十二侵

歌对曲,啸对吟,往古对来今。山头对水面,远浦对遥岑。勤三上,惜寸阴,茂树对平林。卞和三献玉,杨震四知金。青皇风暖催芳草,白帝城高急暮砧。绣虎雕龙,才子窗前挥彩笔;描鸾刺凤,佳人帘下度金针。

登对眺,涉对临,瑞雪对甘霖。主欢对民乐,交浅对言深。耻三战,乐七擒,顾曲对知音。大车行槛槛,驷马骤骎骎。紫电青虹腾剑气,高山流水识琴心。屈子怀君,极浦吟风悲泽畔;王郎忆友，扁舟卧雪访山阴。

十三覃

宫对阙，座对龛，水北对天南。蜃楼对蚁郡，伟论对高谈。遴杞梓，树楠楠，得一对函三。八宝珊瑚枕，双珠玳瑁簪。萧王待士心惟赤，卢相欺君面独蓝。贾岛诗狂，手拟敲门行处想；张颠草圣，头能濡墨写时酣。

闻对见，解对谙，三橘对双柑。黄童对白叟，静女对奇男。秋七七，径三三，海色对山岚。鸾声何哕哕，虎视正眈眈。仪封疆吏知尼父，函谷关人识老

聃。江相归池，止水自盟真是止；吴公作宰，贪泉虽饮亦何贪。

十四 盐

宽对猛，冷对炎，清直对尊严。云头对雨脚，鹤发对龙髯。风台谏，肃堂廉，保泰对鸣谦。五湖归范蠡，三径隐陶潜。一剑成功堪佩印，百钱满卦便垂帘。浊酒停杯，容我半酣愁际饮；好花傍座，看他微笑悟时拈。

连对断，减对添，淡泊对安恬。回头对极目，水底对山尖。腰袅袅，手纤纤，凤卜对鸾占。开田多种粟，煮海尽

成盐。居同九世张公艺,恩给千人范仲淹。萧弄凤来,秦女有缘能跨羽;鼎成龙去,轩臣无计得攀髯。

人对己,爱对嫌,举止对观瞻。四知对三语,义正对辞严。勤雪案,课风檐,漏箭对书笺。文繁归獭祭,体艳别香奁。昨夜题梅更一字,早春来燕卷重帘。诗以史名,愁里悲歌怀杜甫;笔经人索,梦中显晦老江淹。

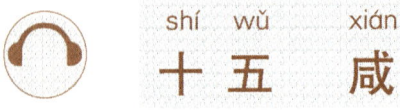

十五 咸

栽对植,薙对芟,二伯对三监。朝臣对国老,职事对官衔。鹿麌麌,兔毚毚，启椟对开缄。绿杨莺睍睆，红杏燕呢喃。半篱白酒娱陶令，一枕黄粱度吕岩。九夏炎飙，长日风亭留客骑；三冬寒冽，漫天雪浪驻征帆。

梧对杞，柏对杉，夏濩对韶咸。涧瀍对溱洧，巩洛对崤函。藏书洞，避诏岩，脱俗对超凡。贤人羞献媚，正士嫉工谗。霸越谋臣推少伯，佐唐藩将重浑瑊。邺下狂生，羯鼓三挝羞锦袄；江州司马，琵琶一曲湿青衫。

袍对笏，履对衫，匹马对孤帆。琢磨对雕镂，刻划对镌镵。星北拱，日西衔，厄漏对鼎馋。江边生桂若，海外树

都咸。但得恢恢存利刃,何须咄咄达空函。彩凤知音,乐典后夔须九奏;金人守口,圣如尼父亦三缄。